INHALT

VORWORT

Hey Du,

ja, ich meine dich. Dich, die abenteuerlustige Couchpotato, den spießigen Globetrotter, den pubertierenden Rentner und den karrieregeilen Pfandflaschensammler. Herzlichen Glückwunsch zu diesem Buch. Herzlichen Glückwunsch zu Weihnachten, zum Geburtstag, zu Ostern, zur Silberhochzeit oder einfach nur so, herzlichen Glückwunsch! Ich bin mir zwar noch nicht zu 100 Prozent sicher, warum, aber aus irgendeinem Grund scheinst du dich wirklich für diesen so einzigartigen Kilimandscharo zu interessieren; für diese Kühlkammer unter Afrikas sengender Sonne; für diesen popligen und fast 6.000 Meter hohen Hügel mit seinen schnee- und eisbedeckten Hängen, über die jährlich Tausende von Bergtouristen trampeln. Touristen, die dem „Kili" damit ihr Leben wie einen vergilbten Federhandschuh hinwerfen, nur um sich dadurch ein Privileg zu eigen zu machen, das schon längst keines mehr ist. Aber lass mich raten: Du warst vielleicht sogar schon einmal dort, hast es bis auf den ersehnten Gipfel geschafft oder auch nicht. Willst jetzt mit diesem Buch gedankenschwanger in Erinnerungen schwelgen und somit deinem verblassten schwarz-weiß Abenteuer einen herrlich frischen Farbtupfer verpassen. Gut so. Oder hast du vor, irgendwann selbst einmal das fremde Abenteuer Kilimandscharo zu deinem eigenen zu machen? Träumst davon, Afrikas höchstem Berg als Gipfelstürmer aufs Dach zu steigen, dabei dieses Buch zur Vorbereitung zu nutzen oder mit diesem deinem Taschenbüchlein, wasserfest verstaut im Rucksack, bei deiner eigenen Tour auf meinen Spuren zu wandern. Auch gut. Doch sehr wahrscheinlich hast du einfach nur zu viel Langeweile. Liest jeden Blödsinn über ferne Länder und Abenteuer von dir völlig fremden Menschen, bloß weil dir deine buckligen Verwandten und Bekannten dieses Buch geschenkt haben oder weil dir irgendeine ominöse Bestenliste vorgaukelt, dass es verdammt noch mal Wert sei, damit seine Lebenszeit zu vergeuden. Warum nicht. Dann ist es so. Aber was auch immer deine Beweggründe sind oder in welcher der drei von meinen völlig wahllosen und plakativen Kategorien du dich wiederfindest: Fühl dich eingeladen! Bitte fühl dich herzlich eingeladen zu dem größten und wohl unvergesslichsten Abenteuer in meinem bisherigen Leben. Das Abenteuer eines Flachlandfuzzis und blutigem Bergnovizen, dessen größter Triumph als Bergsteiger die Besteigung des 1.141 Meter hohen Brockens im Harz war. Der sich dann, ganz spontan aus einer Laune heraus und ohne jegliche Vorbereitung, in den Kopf gesetzt hat, er müsste an seinem Geburtstag bis auf den Gipfel dieses beknackten Berges kraxeln. Ein Trip, der unverblümt und plastisch das wiedergibt, was bei einer Besteigung des „Kili" über die Machame Route alles passieren kann. Ein Trip, bei dem nicht alles Friede, Freude, Eierkuchen ist. Bei dem du erfährst, wie es dir geht, wenn plötzlich nichts mehr geht. Wenn du nicht der unbesiegbare, heroische Gipfelstürmer bist, sondern wenn dieser Arsch von Kilimandscharo deinen zerbrechlichen Hals fest im Griff hat. Wenn er immer stärker zudrückt und dir damit die Luft zum Atmen nimmt. Und während du noch jämmerlich nach Luft japst, läuft es dir eiskalt den Rücken runter beim Gedanken daran, du könntest dich in die zweistellige Liste der armen Trottel einreihen, die jedes Jahr ihr Freizeitabenteuer mit dem Leben bezahlen. Aber da du jetzt schon so unverschämt „schlimme" Wörter wie Arsch trotz Naserümpfen, jedoch ohne Herzinfarkt hinter dich gebracht hast und dennoch weiterliest, hast du dich für dieses Buch mehr als qualifiziert. Falls du jetzt noch den einen oder anderen ironischen Spruch und einige wilde Metaphern verkraften kannst, dann sei an meiner Seite. Begleite mich bei der Besteigung dieses Sandkorns namens Kilimandscharo in der uferlosen ostafrikanischen Steppe. Sei an meiner Seite, wenn ich versuche, dem Kilimandscharo Meter um Meter abzutrotzen. Wenn ich ihm frech meinen Schuhabdruck wie ein Brandeisen aufdrücke und dabei mit kleinlauter Stimme bei jedem Schritt in die weite Welt hinausschreie: „Seht her, bis hier bin ich schon gekommen und den Rest von diesem verdammten Berg bezwinge ich auch noch!" Sei dabei und erlebe die atemberaubende Faszination Kilimandscharo hautnah, bei der elendes Leid und unglaubliches Glück nur durch wenige Höhenmeter voneinander getrennt sind.

EINLEITUNG

Kotze. Überall Kotze, die mir aus dem Rachen rinnt, während ich zusammengesunken und vornübergebeugt auf einem alten, schäbigen Holzbrett sitze. Der Rotz tropft mir von der Nase und vermischt sich mit den Tränen, die mir in die blutunterlaufenden Augen schießen. Nur wenige Sekunden später ertappe ich mich dabei, wie ich meinen feinsäuberlich verteilten Mageninhalt auf der geborgten Skihose und den fast eingelaufenen Wanderstiefeln bewundere. In meinem Schädel hämmert es unerträglich laut wie die Kolben einer alten Diesellok. Dabei verschwimmt mein Blick und es legt sich ein nebelartiger Schleier bei strahlendem Sonnenschein über meine Augen. So habe ich mir mein Kilimandscharo Abenteuer nun wahrlich nicht vorgestellt: Nichts von einem heroischen Gipfelstürmer. In diesem Moment fühle ich mich eher wie ein angezählter und besoffener Rummelboxer, dem man die Faust ganz tief und mit aller Inbrunst in den Magen gerammt hat. Nur, dass wir hier nicht auf der Kirmes in Hamburg sind, sondern in Tansania auf luftigen 5.739 Metern Höhe.

Egal, wie ich es auch drehe, das hier ist ernüchternd, jämmerlich und surreal zugleich. Es darf einfach nicht wahr sein. Denn all das, diese fast schon filmreife Situation, war noch bis vor wenigen Minuten völlig undenkbar für mich. War für mich lediglich dämliches Gequatsche von fantasiefreien und farblosen Berufspessimisten. Noch nie zuvor habe ich ernsthaft und wahrhaftig daran gezweifelt, diesen Gipfel zu erreichen. Aber hier und jetzt, wo ich am ganzen Körper zittere, mit Kotze verschmiert und am Ende meiner Kräfte bin, erlebe ich mein ganz persönliches Armageddon, erlebe ich mein lebendig gewordenes Waterloo in der eisigen Kälte Afrikas. Und während das melodische Hämmern in meinem Schädel beharrlich lauter wird, quält mich immer wieder diese eine, diese brennende Frage nach dem Warum. Warum ich Vollidiot mich vor fünf Tagen an einem sonnigen Montagmorgen – damals noch gut gelaunt im Auto – bis zum Fuße dieses verdammten Berges karren ließ und wie es dazu kommen konnte, dass ich just in diesem Moment bis zur Oberkante-Unterlippe im dicksten Schlamassel meines jungfräulichen Bergsteigerlebens steckte. Also, was war bloß passiert mit dem euphorischen und vor Kraft strotzenden Stefan von damals? Wie konnte mein kleines, idyllisches Bergsteigerabenteuer nur derart schieflaufen? Und vor allem: wer isst jetzt die Torte?

MONTAG – TAG 1 AM BERG: DIE ANFAHRT UND DAS MACHAME CAMP

Aus dem Autoradio schellt blechern afrikanische Popmusik, während sich der alte Wagen mit jaulendem Motor die Straßen von Moshi zum Machame Gate hocharbeitet. Ein beißender Geruch nach Schweiß und feuchter Kleidung durchdringt den Innenraum. Kompromisslos macht der Fahrer vom Recht des Stärkeren Gebrauch und bahnt sich seinen Weg durch die überlaufenen Straßen der Plantagenzone, so dass sich die Einheimischen oftmals nur mit einem beherzten Sprung zur Seite in Sicherheit bringen können. Was in Deutschland noch zu einem gekonnten Herausschnellen des Mittelfingers und lauthalsen Geschrei geführt hätte, wird auch hier mit stoischer Gelassenheit abgetan, die fast schon an Gleichgültigkeit grenzt. Ich schaue mir das Spektakel fasziniert an und lausche dem schrillen Klang der heiseren Autohupe, die wie ein Fremdkörper in die idyllische Landschaft eindringt. Im Gegensatz zu seiner Hupe, zieht es der Fahrer vor zu schweigen und tritt stattdessen das Gaspedal bis zum Bodenblech durch. Weiter hinten im Wagen entfacht dabei unter Gasper, Hasani und Japhet aus meinem einheimischen Team eine rege Unterhaltung auf Swahili, die immer wieder von herzhaftem Lachen unterbrochen wird. Der Fahrer schaltet trocken in den zweiten Gang runter. Das Getriebe erwidert seinen Vorschlag mit einem metallischen Aufschrei und wir passieren riesige Bananen- und Kaffeeplantagen… Kaffeeplantagen, deren aromatisch schwarze Bohnen diese Region rund um den Kilimandscharo weltweit berühmt gemacht haben.

Doch noch während ich mir meinen ersten Eindruck über die drei einheimischen Jungs machen kann, die sich auf der

Rücksitzbank freundschaftlich zusammenquetscht haben, donnert das Auto bereits durch das kleine unscheinbare Dorf Machame. Es liegt südwestlich am Fuße des Kilimandscharo und erfreut sich der Ehre, Namensgeber der gleichnamigen Besteigungsroute sowie des Parkeinganges zum „Mount Kilimanjaro National Park" zu sein. Als wir kurze Zeit später gegen elf Uhr durch das Machame Gate fahren, holt unser Fahrer noch einmal alles aus seiner alten Karre raus und wir rasen im Schneckentempo die letzte steile Rampe bis zum Parkplatz hoch. Die Perlen auf seiner Stirn, das schweißgetränkte Hemd und das gezwungene Grinsen in seinem Gesicht geben mir das Gefühl, dass der Fahrer selbst nicht mehr mit dieser schier übernatürlichen Leistung seines Wagens gerechnet hat. Kein Wunder, waren wir doch auf dem Parkplatz das einzige Taxi, flankiert von allradangetriebenen Geländetrucks und Jeeps.

„Let's go out!" ertönt es von meinem Guide Gasper auf der Rücksitzbank. Das muss man mir natürlich nicht zweimal sagen und so verlasse ich energiegeladen dieses miefige Taxi, um meine ersten Schritte auf 1.800 Metern zu machen. 1.800 Meter, das ist für mich heute eine echte Premiere, war doch bisher mein größtes und einschneidendstes Höhenerlebnis – damals noch als Kind – die Besteigung des gigantischen und 1.141 Meter hohen Brockens im Harz. Ein echter Witz im Gegensatz zu den 5.895 Metern, die ich mir für meine erste richtige Bergtour als Ziel gesetzt habe. Aber alles halb so wild. Das ist doch auch nur ein Berg, sage ich gewohnt selbstsicher zu mir. Nichts wird so heiß gegessen wie es gekocht wird. Das predigen sogar die Alten und Weisen – und die müssen es schließlich wissen. Außerdem habe ich in den nächsten Tagen noch ausführlich Zeit, meine Höhenverträglichkeit zu testen und meine bisher noch nicht erprobten Fähigkeiten als Gipfelstürmer unter Beweis zu stellen. Der erste Schritt dafür ist bereits geschafft. Denn diese abenteuerliche Taxifahrt von Moshi in das 1.000 Meter höher gelegene Machame Gate haben mein Team und ich ohne Crash wohlbehalten überstanden.

Dynamisch werfe ich meinen Rucksack über die rechte Schulter, an dem die penibel festgezurrten Trekkingstöcke wie Lanzen in den blauen Himmel emporragen. Damit ich mich schon mal daran gewöhnen kann, wie die Rollenverteilung in den folgenden sieben Tagen sein wird, trotte ich mit meinem Rucksack bewaffnet Gasper hinterher. Er führt mich bis zu einem überdachten, mit Holzbänken ausgestatteten Unterstand, in dem sich bereits über zwanzig andere Bergtouristen tummeln und sich auf den Aufstieg vorbereiten. Artig wie ich bin, lasse ich mich dort von ihm „zwischenparken", mit dem freundlichen Hinweis, dass wir nur noch auf einen weiteren Träger warten müssen, bevor es gleich losgeht. Nun ja, jeder der bereits in Tansania oder Kenia gewesen ist, weiß, dass dort der Begriff „gleich" sehr unterschiedlich entgegen den recht zeitstringenten Deutschen interpretiert wird. Zum Glück konnte ich mich in der vorangegangenen Woche meines Aufenthalts bereits mehrfach an das ortsübliche Zeitverständnis von „gleich" gewöhnen. So wundert es mich nicht weiter, dass ich dort deutlich länger warten darf. „Hakuna Matata" – alles kein Problem, summe ich leise vor mich hin, setze mich auf eine dieser Holzbänke und bestaune die grünen, stark bewachsenen Hänge mit den undurchsichtigen Urwaldbäumen, die mir einen süßen Vorgeschmack auf das geben, was mich sehr bald erwarten wird. Also warte ich. Warte geduldig eine Stunde, bis ich beschließe die Zeit dafür zu nutzen, um mein Lunchpaket zu plündern, ein letztes Mal den Luxus einer halbwegs sauberen Toilette zu genießen und mit ein paar Bergtouristen anderer Touren, die unterschiedlicher nicht sein könnten, zu quatschen. Da gibt es einerseits die große Gruppe von Japanern, die so professionell ausgerüstet sind, als würden sie heute noch versuchen, den Hillary Step am Mount Everest zu bezwingen. Die sich aufgeregt über ihre mehr als einjährige Planung und monatelange Vorbereitung in alpinen Gebirgen und Höhenkammern unterhalten. Auf der anderen Seite eine Gruppe Russen, die mit ihren Sandalen gleichsam auch auf dem Weg zum Brötchen holen um die Ecke sein könnten. Ob die Japaner ihren GPS-Schnickschnack umsonst den Berg hochschleppen oder die russischen Genossen lieber einen Rubel mehr in Schuhe investiert hätten: Die Zukunft wird es sehr bald zeigen.

Einfach alles und jeder quatscht kreuz und quer im Bretterverschlag, so dass sich ein internationaler, multikultureller Gesprächsbrei mit englischen, spanischen, deutschen, japanischen und russischen Wortfetzen in meine Ohren drängt. Was für ein interessantes Spektakel. Und während ich mich so umschaue, peitscht der Wind den plötzlich einsetzenden Regen unter das Dach des Unterstandes und durch mein dünnes T-Shirt hindurch direkt an meinen Rücken. Langsam kriecht mir die Kälte in den Körper und ich bemerke, dass ich nicht mehr im sonnenverwöhnten Moshi bin, sondern am Beginn einer ganz besonderen Reise stehe. Eine Reise zum Gipfel des „Kili". Eine Reise zur Kaiser-Wilhelm-Spitze, wie der Kilimandscharo, entspringend aus alten Zeiten des deutschen Kolonialismus, früher auch noch liebevoll genannt wurde.

Überall bei den Teams anderer Touren herrscht plötzlich reges Treiben und Aufbruchsstimmung. Und auch bei mir macht sich leichte Nervosität und Vorfreude breit. Dann endlich bekomme ich nach drei Stunden das ersehnte Zeichen zum Aufbruch. Jetzt gibt es kein Zurück mehr. Die Stiefel nochmal nachschnüren, Rucksack schultern, Poncho überwerfen und auf geht's. Das Abenteuer Kilimandscharo-Besteigung kann beginnen.

Der Regen prasselt auf meinen Poncho. Gasper und ich wandern wenige hundert Meter über eine gut befestigte Schotterstraße, bis diese in einen ein Meter fünfzig breiten, glitschigen und vom Regen durchweichten Trampelpfad übergeht. Als der Regen dann langsam nachlässt, bis er letztendlich völlig versiegt, finde ich mich mitten im Regenwald wieder. Dessen unbeschreiblich farbintensive Pflanzenwelt zaubert mir ein breites Grinsen in das Gesicht. Wohin das Auge blickt, sieht man nur Moose, Flechten und hohe Laubbäume, dessen Stämme und Äste über und über mit Baumfarne behangen sind. Unterbrochen, aber nicht gestört, wird dieses Idyll nur von ein paar Diademmeerkatzen, die stimmgewaltig durch die lichtdurchfluteten

Baumkronen tollen.
Das Idyll wird lediglich von Trägern gestört, die sich wie Gehetzte an uns vorbeischlängeln und dabei die natürliche unverbrauchte Luft mit dem süßlichen Geruch von Marihuana und billigen Konyagi Gin verpesten. Vielleicht ist das der Grund, warum Scherzbolde unter den Trägern vor mir salutieren, vielleicht aber auch wegen meiner olivgrünen deutschen Armeehose. Wie auch immer. Das Angebot, mir etwas Gras abzugeben, schlage ich erst einmal aus.

Als wir bei 2.800 Metern den Regenwald verlassen, um in die Heide- und Moorlandschaft einzutauchen, brennen mir schon ziemlich die Oberschenkelmuskeln und ich bin nicht traurig darüber, dass wir nach dreieinhalb Stunden Aufstieg das Machame Camp auf 3.000 Metern erreichen. Das Camp liegt unter einer diesigen Nebeldecke. Es ist durchzogen von immergrünen und sehr verzweigten Erikagewächsen, die meinen Weg zur Machame Hütte, vorbei an vereinzelten Zelten, säumen. Bei der Machame Hut (engl. für Hütte) ist bereits reges Treiben zu sehen und Klienten mit Guides anderer Touren drängen sich in die enge Bretterhütte, um sich obligatorisch in das Park-Buch einzutragen. Also setze auch ich meinen „Kaiser Wilhelm“ darunter und ziehe mich in mein Zelt zurück, das von Hasani, einem meiner Träger, strategisch ungünstig in der Nähe des Klohäuschens aufgeschlagen wurde. Zeit genug, um mich mit einer Tasse Kilimandscharo-Tee aufzuwärmen und salziges Popcorn in mich reinzustopfen.

Die Nacht ist kalt und unbequem. Es ist erschreckend, wie schnell die Temperaturen im afrikanischen Winter mit Einsetzen der Dunkelheit sinken; Und das gerade mal auf 3.000 Metern. Mit meiner zarten Körpergröße von 1,91 Metern kann ich nur diagonal im Zelt liegen, flankiert von meinen beiden Rucksäcken und den Wanderstiefeln, die gerade im Zusammenspiel mit meinen feuchten Socken eine widerliche Wohlfühlatmosphäre erzeugen. Von draußen reißt der Wind ununterbrochen an den Zeltwänden und der Regen wird im Rhythmus des Windes gegen das Zelt gedrückt. Von innen kann ich mit meiner

Taschenlampe das Wasser beobachten, wie es sich genüsslich den Weg ins Zelt sucht und sich an der Innenplane als Tropfen über meinem Kopf sammelt. Mitten in diesem Montagabendunterhaltungsprogramm, das mir die Natur hier und heute bietet und fest in meinen Schlafsack eingemummelt, döse ich langsam weg. Im Eindösen denke ich noch darüber nach, wie es überhaupt dazu gekommen ist, dass ich heute hier liege. Wie es dazu gekommen ist, dass ich Flachlandfuzzi und selbstgewählter Stadtmensch auf einen Berg, einen Vulkan, einen der Seven Summits mitten im ostafrikanischen Nirgendwo steige.

RÜCKBLICK: VORBEREITUNG IN DEUTSCHLAND

Freitagabend. Eine Woche vor Abflug. Deutschland ächzte unter einer gewaltigen Hitzewelle bei fast dreißig Grad im Schatten. Die Sonne stand halbhoch am wolkenfreien Himmel über Berlin, als mir plötzlich ein stechender, nadelartiger Schmerz in den linken Oberschenkel schoss. Diagnose: Muskelfaserriss im Beinbeuger. Herzlichen Glückwunsch, dachte ich. Warum musst du Trottel auch eine Woche vor Abflug nach Tansania und dem wohl größten Abenteuer in deinem bisherigen Leben an einem dämlichen Beachvolleyballturnier teilnehmen? Hättest du nicht einfach gemütlich unter einem Sonnenschirm in sicherer Entfernung zum Spielfeld sitzen können? Dabei die Beine hochgelegt und mit einem herrlich kühlen Weizenbier solidarisch den anderen zuprosten können, während diese sich unter der sengenden Sonne abmühen? Nein das konnte ich nicht, hätte ich aber mal lieber sollen. Denn das Ziel, meinen dreißigsten Geburtstag auf dem Dach Afrikas und gleichzeitig dem höchsten alleinstehenden Berg der Welt zu zelebrieren, stand damit buchstäblich auf wackeligen Beinen. Aber als Sonnenkind hatte ich wieder einmal Glück im Unglück. Genauso spontan wie ich mir vor einer Woche beim Durchblättern eines Kataloges für Abenteuerreisen überlegt hatte, unvorbereitet und unorganisiert auf einen Berg zu steigen; genauso spontan wie mir Kathi, die Reisefachangestellte meines Vertrauens, lediglich einen Hin- und Rückflug gebucht hatte; genauso spontan und frei war ich dadurch mit dem Wann und Wo in Tansania. Keine Company, kein buckliger Reiseveranstalter, einfach nix und niemand konnte mir Vorschriften machen oder Zeitpläne aufzwingen. Wie auch? Ich wusste ja noch nicht einmal, wie ich auf den Berg komme oder wer mich auf diesen bringen wird, geschweige denn, wo ich in Tansania schlafen sollte. Ich war vogelfrei. Also beschloss ich kurzerhand, mir zuerst in Moshi eine Safari zu buchen, um anschließend mit hoffentlich belastbarem, halbwegs schmerzfreiem Oberschenkel bis auf den Gipfel des Kilimandscharos zu kraxeln. Nur ein Plan. Mein Plan. Und falls das Bein dann immer noch nicht mitgespielt hätte, was soll's: in Tansania warteten viele ungewisse Abenteuer auf mich, die es allesamt wert sind, gelebt zu werden. Zwanzig Tage pure Ungewissheit lagen vor mir, weit weg von meinem strukturierten Manageralltag.

Weil das Fernweh und die Abenteuerlust eh größer waren als der Schmerz im Oberschenkel und alle Bedenken und qualifizierten Einwände von Bekannten und Verwandten zusammen, beschloss ich lieber meine Energie in die Reisevorbereitung zu stecken. Die Liste dafür war noch lang genug. Nachdem ich mir im Rathaus einen Express-Reisepass besorgt hatte, in der tansanischen Botschaft ein Express-Visa und im Tropenmedizinischen Institut und beim Hausarzt vier Spritzen in die Schulter rammen ließ, natürlich auch express, war es eigentlich nur noch etwas Equipment, was mir für die Bergbesteigung fehlte. Zugegeben, „etwas" ist vielleicht „etwas" untertrieben. Nach einer Packliste, die ich mir aus dem Internet besorgte, besaß ich eine Woche vor Abflug nicht einmal zehn Prozent von all dem Bersteigerzeugs. Aber wozu hat man schließlich gute Freunde und Familie. Und was ich nicht borgen konnte, wurde kurzerhand für teures Geld beim Outdoor-Spezialisten in Berlin Steglitz gekauft. Die Zeit bis zur Abreise verging somit bei all dem Stress aus Arbeiten und Urlaubsvorbereitungen wie im Sturzflug und eh ich mich versah, dröhnten die zwei Triebwerke des Airbus A330-200 vollgetankt mit 139.000 Litern Kerosin unter meinem Hintern und katapultierten mich mit 870 km/h in Richtung Kilimanjaro Airport. Ein geiles Gefühl..

DIENSTAG – TAG 2 AM BERG: DAS SHIRA PLATEAU

Der Wecker meiner Armbanduhr reißt mich zurück in die Gegenwart. Es ist sechs Uhr. Der Schlafsack ist klamm. In meinem Gesicht schmerzt der formschöne Abdruck meiner Rucksackschnalle. Meine Blase drückt. Dem Ruf der Natur folgend, öffne ich die Zeltplane und besuche unser externes WC nur ohne W. Da ich anscheinend der einzige bin, der die Anweisung „um sechs Uhr aufzustehen" ernstgenommen hat, kann ich mich eines fast menschenleeren Lagers erfreuen. Selbst die Träger, Köche und Bergführer anderer Touren liegen noch in ihren Zelten. Also nutze ich die Zeit und erkunde das Lager, während über meinem Kopf große schwarze, mir unbekannte Vögel mit wenigen Flügelschlägen fast geräuschlos hinweg gleiten, bevor sie wieder im Weiß der dichten Nebelschwaden verschwinden. Auf einer kleinen Anhöhe bleibe ich stehen, vergrabe meine Hände in den Hosentaschen und inhaliere mit einigen tiefen Atemzügen die Kilimandscharo-Morgenluft. Sie ist herrlich frisch und durchzogen von Feuchtigkeit. Herrlich frische, lungendurchflutende Luft – das scheint ein Signal für meinen Körper zu sein. Mit einem kräftigen, markerschütternden Husten würge ich dicken gelblich grünen Bronchialschleim hoch, um diesen zugleich in die dann nicht mehr ganz so unberührte Natur zu spucken. Widerlich. Das ist dann wohl nachträglich ein Andenken an die letzten ereignisreichen Tage auf Safari, die ich im Freien übernachtet habe und die anscheinend nicht ganz spurlos an mir vorübergegangen sind. „Gesund kann jeder" beschließe ich mit einer gehörigen Portion ironischem Selbstschutz und schlendere weiter über eine kleine Lichtung. Dabei bemerke ich, dass der Regen der letzten Nacht den Boden aufgeweicht und das Lager teilweise in eine rutschige Schlammpampe verwandelt hat. Zum Glück habe ich Experte gerade meine dünnen, weißsohligen Turnschuhe an und stapfe damit durch die dunkle, schwere Erde. Dabei ärgere ich mich über den Typen, der im Internetreiseführer geschrieben hat, dass man leichtes Schuhwerk für die Freizeit im Camp einpacken soll und über mich, weil ich darauf gehört habe. Mit schlammverschmierten und nassen Schuhen setze ich meinen Rückweg zum Zelt fort und werde wieder von einigen anmutigen Vögeln begleitet, die krächzend im Sinkflug über mir hinweg segeln. Mittlerweile erwacht auch das Lager langsam aus seinem Dornröschenschlaf und die italienische Altherrencombo, die ihre Zelte neben meinem aufgeschlagen hat, verlässt mit leicht zerknitterten Gesichtern und einer überlebenswichtigen Klopapierrolle unter dem Arm die Zelte.

Noch während ich dabei bin die persönliche Ausrüstung wie abgesprochen in meinen Tagesrucksack und die Tragetasche zu verstauen, wackelt es am Zelt. Kurz darauf wird der Reißverschluss der Zelttür aufgezogen und Guide Gasper steckt seinen Kopf in das Innere. Mit einem trockenem „Karibu!“ und einem freundlichem Grinsen, das im Zwielicht des Zeltes fast einer Grimasse gleicht, begrüßt er mich. Ein Ritual, was mich bestimmt die nächsten Tage noch häufiger begleiten wird. By the way, Gasper ist etwas älter als ich, hat eine zartbitterschokoladenfarbige Haut und ist, wie er mir gestern erzählt hat, in Moshi, am Fuße des Kilimandscharos, geboren und aufgewachsen. Sein Körper ist von mittlerer Größe und schmalschulterig schlank. Das Gesicht ist rundlich und von breiten Wangenknochen, weißen Zähnen mit prägnant gelbbräunlichem Einschlag sowie einem wachen Blick gekennzeichnet. Auf dem Kopf trägt er immer eine dieser selbstgehäkelten, an den Ohren tiefgeschnittenen, blau-rot-weißen Wollmützen. Ein schwarzer Fleecepullover, etwas zu lange Blue Washed Jeans und alte knöchelhohe Wanderschuhe runden sein Erscheinungsbild ab. Aber viel wichtiger als seine Klamotten oder die Farbe seiner Wandersocken ist sein Charakter. Und der ist für mich nach der nur kurzen Zeit, die wir uns jetzt kennen, schwer einzuschätzen. Über seine fachlichen Qualitäten als Bergführer und meine Chance mit ihm den Gipfel zu erreichen, kann ich auch noch gar nichts Brauchbares aussagen. Fakt ist, – jedenfalls wurde mir das so versichert – dass jeder Guide mehrjährige Erfahrung als Träger, Koch oder Bedienung am Kilimandscharo vorweisen muss, bevor er eine Zulassungsprüfung zum Bergführer ablegen darf. Ob das jetzt stimmt oder nur Augenwischerei für die blauäugigen Touristen ist... in den nächsten Tagen habe ich freilich ausreichend Gelegenheit das näher zu ergründen und Guide Gasper besser kennenzulernen. Doch die fürsorgliche Geste gestern, bei der er seine wenigen Backbananen mit mir geteilt hat, weil ich Vielfraß mein Lunchpaket bereits am Machame Gate vor lauter Langeweile verdrückt hatte, macht ihn für mich vorerst sympathisch.

Gestärkt vom ausgiebigen Frühstück und einmal gut durchgeschüttelt vom ekelhaften „Poritsch", einer leicht klumpigen Mehlpampe, die ich danach ein für alle Mal von meiner Speisekarte gestrichen habe, stapfen Gasper und ich gegen neun Uhr los. Ich fühle mich heute Morgen richtig kraftstrotzend und bin hochmotiviert. Vielleicht sogar schon übermotiviert. Mir kann es gar nicht schnell genug gehen. Dabei bin ich wie ein aufgeputschtes Rennpferd, das unruhig darauf wartet, dass endlich das Gatter der Startvorrichtung aufspringt und es im vollen Galopp über die Rennbahn sprinten darf. Das Ziel unserer Tagesetappe soll das 840 Höhenmeter weiter oben gelegene Shira Camp sein.

Führte mich gestern unser Weg noch über weichen, tropischen Waldboden, so startet die heutige Etappe auf glitschigem, steinigem Untergrund. Die gewaltigen massiven Steinplatten, die den stückweise steilen Hang hinaufführen, sind größtenteils von Moosen, loser Erde und Gräsern überdeckt. Zu beiden Seiten wird unser Pfad von meterhohen Erikagewächsen und Farnen eingeschlossen. Durch den Regen der letzten Nacht und den Nebel, der immer noch den Hang einhüllt, ist der steinige, mit Erde und Moosen überzogene Boden sehr nass und rutschig. Zu rutschig, wie sich herausstellt. Denn trotz guter Wanderstiefel und stabilen Trekkingstöcken, die ich unentwegt enthusiastisch in den Kilimandscharo ramme, verliere ich mehrfach die Bodenhaftung. Währenddessen läuft Gasper seelenruhig mit einer Hand in der Hosentasche und der anderen Hand am Handy wenige Schritte vor mir und springt gazellenartig von Stein zu Stein. Er lässt sich auch nicht stören als Vorausgehende Steinbrocken lostreten, die dann der Schwerkraft folgend den Abhang herunterschießen und für Irritation und panisches hin-und-her-Hechten unter den Trägerkolonnen sorgen. Irgendwie erinnert mich das in diesem Moment an die alten Schwarz-Weiß-Tarzanfilme mit Johnny Weissmüller, in denen die weißen Expeditionsführer oder Großwildjäger ihre einheimischen schwarzen Träger regelrecht durch den Dschungel trieben. Gut, heutzutage schwingt zum Glück keiner mehr die Peitsche, trotzdem kann man bei diesem Anblick schon mal ein schlechtes Gewissen bekommen. Erst recht, wenn man mit seinem mickrigen Sechs-Kilo-Rucksack unterwegs ist, während die schwerbepackten Träger nur mit Turnschuhen oder abgewetzten Stiefeln den Berg hinaufstolpern. Man spürt förmlich, wie das Gefühl in einem hochsteigt, den „armen" Trägern etwas von ihrem teils völlig unnützen Krempel abnehmen zu wollen. Denn wer braucht schon ganze Bierzeltgarnituren, riesige Stühle oder Zelte, in denen problemlos ein kleines Dorffest stattfinden könnte? Der schiere Wahnsinn. Fehlt nur noch, dass sich jemand einen Flachbildfernseher den Berg hochschleppen lässt, weil er seine Lieblingssoap nicht verpassen will. Da lobe ich mir meine Company, die anscheinend auf Purismus setzt und damit genau meinen Puls trifft. Für mich muss sich keiner der Träger unnötig abschleppen. Das Beeindruckende an den Trägern aber ist, dass ich niemals einen von ihnen stürzen sehe. Dabei quälen sich diese hageren, bleistiftdünnen Burschen täglich mit riesigen Rucksäcken und schweren Transporttaschen auf dem Kopf. Diese unhandlichen Lasten sind selten leichter als 20 Kilogramm. Doch anstatt sich zu beschweren, singen sie einheimische Lieder und haben immer ein freundliches „Jambo" auf den Lippen. Beharrlich schlängeln sie sich an mir vorbei und arbeiten sich unbeirrt Meter um Meter in Richtung Kibo hoch, dem höchsten der drei Vulkanberge des Kilimandscharos. Kaum vorstellbar, dass das Gewicht vor Jahren noch nicht limitiert war und Träger mit einer Last von 50 bis 70 Kilogramm auf den Berg gehetzt wurden. Eine gängige Praxis, die damals noch zu unzähligen Todesfällen geführt hat. Eine Praxis, die auch heute trotz Limitierung in regelmäßigen Unglücken gipfelt. Unglücke, die sich zu oft mit dem Weiterleben der Betroffenen nicht vereinbaren lassen und dem Kilimandscharo-Tourismus damit einen faden Beigeschmack aufzwängen.

Die Anstrengungen, die durch das schwierige Gelände und die Lasten verursacht werden, sind den Trägern jetzt deutlich anzusehen. Und auch mir läuft die Suppe lauwarm vom Gesicht und den Rücken hinunter, tränkt meine Kleidung schweißnass. Bei zirka 3.500 Metern durchstoßen wir dann die Nebel- und Wolkendecke, die so dicht ist, dass ich das darunterliegende Machame Camp nur noch vage erahnen kann. Die optimale Gelegenheit, um eine kurze Pause einzulegen und das Lunchpaket aufzureißen. Ich habe einen Bärenhunger und verschlinge gierig mein Essen. Und während ich mich, futterneidisch wie ich bin, darüber ärgere, dass mir einer dieser blöden Geierraben runtergefallene Erdnüsse klaut , zieht hinter mir der Nebel in einer atemberaubenden Kulisse das Tal hinauf. Kurz noch die verschwitzte und völlig überflüssige lange Funktionsunterhose in den Rucksack stopfen und die dicke 200er Fleecejacke gegen eine dünnere tauschen und schon kann es weitergehen. Weiter auf steinigen Wegen und zunehmend trockeneren Böden, weiter über wellenartige Bergkämme. Und die gerade eben noch so reich vertretene, beeindruckende Flora weicht plötzlich einer kargen, steinigen Landschaft.

Nach insgesamt fünf Stunden erreichen wir das Shira Plateau und das dort auf 3.840 Metern befindliche Shira Camp. Ich nehme einen großen Schluck aus meiner Trinkblase, lege meinen Rucksack ab und setze mich leicht abseits auf einen großen Felsen. Eines steht jetzt fest: mit mir stimmt irgendetwas ganz gewaltig nicht. Und die Frage nach meiner Höhentauglichkeit, nun ja, die hat sich damit auch schneller beantwortet als mir lieb ist. Bereits die letzte Stunde beim Aufstieg fühlte ich mich müde und unangenehm schlapp. Aber nicht die Art von müde und schlapp wie es sich anfühlt nach einem anstrengenden Ausdauer- oder Krafttraining. Nein, das kenne ich zur Genüge. Das hier ist etwas deutlich anderes. Das hier ist neu. Ich habe den Eindruck, dass sich überall in meinem Schädel Druck aufgebaut hat. In erster Linie am Hinterkopf und über den Augen. Besonders heikel waren der plötzlich einsetzende Schwindel und die damit verbundene Trittunsicherheit. Gerade, weil das letzte Wegstück vor dem Shira Camp teilweise seitlich an Felswänden über Steinbrocken und schmale Wege führte. Ich musste mich richtig zusammenreißen. Denn ich wollte auch nicht zu dem zweifelhaften Ruhm als Deutscher am Kilimandscharo kommen, der abstürzt und dann fünfzehn Meter tiefer auf irgendeinem unbedeutenden Felsen zerschellt. So viel Abenteuer wäre dann doch zu viel des Guten. Also beschloss ich – ganz wie ich es damals im Kletterkurs an der Uni gelernt habe – immer erst artig einen festen Griff oder sicheren Tritt zu suchen, bevor ich den nächsten, möglicherweise fatalen Schritt mache. Eine Entscheidung, die ich bisher nicht bereut habe. Eine Entscheidung, die ich gewiss auch in Zukunft nicht bereuen sollte.

Gasper schlendert lässig durch das Lager und klettert elegant zu mir auf den Felsen. Genauso elegant wie eine Bergziege, die auch dem höchsten und steilsten Berg nicht mehr als ein müdes Lächeln abgewinnt. Profi wie er ist, ist ihm natürlich nicht entgangen, dass ich körperlich angeschlagen bin. Und wie ein erfahrener Bergdoktor fragt er mich erst beiläufig über meine Symptome aus, um mich dann mit seiner Medizin, bestehend aus viel Tee und Ruhe, ins Zelt zu schicken. Aber draußen tobt das Leben. Jedenfalls kommt mir das so vor, wenn ich sehe, wie die Leute sich miteinander unterhalten, das Lager und die Umgebung erkunden oder sich einfach nur verstohlen mit den Trägern ein Tütchen Marihuana teilen. Im Zelt tobt auch das Leben, nur etwas bescheidener. Ich nuckle an meinem Popcorn und schütte dabei Unmengen an „Kilimanjaro-Tea“ in mich rein, bis mir fast die Blase platzt. Dem ungeachtet, freue ich mich bei meinem freiwilligen Zwangsaufenthalt im Zelt darüber, dass mir zumindest im Liegen nicht mehr schwindelig ist – so weit, so gut. Aber wenn da nur nicht dieser ätzende, omnipräsente Kopfschmerz wäre... Ja, ohne den könnte fast so etwas wie Spaß aufkommen. Tut's aber nicht. Noch nicht.

Nach zwei Stunden „Ruhe" zerrt Gasper mich mit Engelszungen aus dem Zelt und wir latschen die paar hundert Meter bis zur Shira Cave. Cave, das hört sich spektakulär an, ist aber lediglich eine kleine, unscheinbare Höhle, deren Wände tiefschwarz vom Ruß der Feuerstellen gefärbt sind. Rußpartikel, die sich über die Jahrzehnte ganz fest in den Fels gefressen haben und heute noch ihre Geschichten von den guten alten Tagen erzählen, in denen es den Bergsteigern erlaubt war, dort zu übernachten. Heute leider verboten, also knipse ich noch ein, zwei Fotos fürs Poesiealbum zu Hause und es geht zurück Richtung Zelt, bei dem bereits Hasani ungeduldig mit dem Abendessen wartet. Hasani ist mein Träger Schrägstrich Bedienung beziehungsweise Porter Schrägstrich Waiter, wie die offizielle englische Bezeichnung lautet. Mit seinen 1,80 Metern ist er einen halben Kopf kleiner als ich, hat einen schlanken Körper und ein längliches Gesicht mit engstehenden Augen. Traurigerweise hat er auch noch eine große herausstehende Unterlippe, die mich immer an Baba aus dem Film Forrest Gump erinnert und ihm zu Unrecht einen etwas dümmlich naiven Gesichtsausdruck beschert. Genau wie Gasper kommt auch Hasani aus Moshi, zählt zum Stamm der Chagga und trägt schwarze Jeans, eine gelbschwarze Daunenjacke sowie ein echt cooles Baseball Käppi von den Cleveland Indians.

Mein Hunger ist ungebrochen. Und weil ich keine Lust habe den halben Tag im viel zu kleinen und unbequemen Zelt zu versauern, entscheide ich mich dazu, heute Abend unter Afrikas freiem Himmel zu essen. Kurzentschlossen kippe ich alles in einem großen Thermostopf zusammen. Und mit dieser Fusion aus Reis, Gemüse, das ich nicht kenne und Soße, die ich nicht identifizieren kann sowie einem kleinen Schälchen Instantsuppe, ziehe ich mich auf einen großen Felsvorsprung zurück. Direkt im rauen Fels befindet sich eine durch Erosion geformte, muldenartige Vertiefung, die dazu einlädt, dass ich mich hineinsetze und die mir guten Schutz vor dem Wind bietet. So gut versteckt vorm Wind, der kräftig von Osten über meinen Kopf hinwegfegt und sich in meiner geborgten Wollmütze verbeißt, schlürfe ich meine heiße Suppe und genieße das wohlig warme Gefühl, das sich dabei im Körper breitmacht. Also lehne ich mich in meinem steinernen Fernsehsessel zurück und ergötze mich an einer fiktiven Reportage über den Kilimandscharo im Discovery Channel, in der ein Typ über das Naturschauspiel am Shira Plateau erzählt. Er berichtet, dass es für ihn so beeindruckend war, dass er es eigentlich nicht in Worte fassen kann, weil es dafür schlichtweg keine passenden Worte gibt. Dieser Superlativ muss erst noch erfunden werden, sagt er. Aber er versteht jetzt, warum dieser magische Ort 1987 von der UNESCO zum Weltnaturerbe erklärt wurde. Wie langweilig, denke ich, nehme noch einen ordentlichen Schluck Suppe und zappe mit meiner imaginären Fernbedienung weiter. Unterdessen betrachte ich die atemberaubende Landschaft während die Sonne an Kraft verliert und dabei langsam am Horizont untergeht. Vor mir auf Augenhöhe ragt die Spitze des Mount Merus aus dem lückenlosen Wolkenteppich hervor. Er wirkt dabei nicht wie ein Berg, sondern vielmehr wie eine Insel. Eine Insel, die umgeben ist von einem endlos weiten Meer, dessen Wellen durch die Kraft des Windes angepeitscht werden und tosend in einer Gischt gegen die Küste des Shira Plateaus schlagen. Man bekommt dabei das grenzenlose Bedürfnis, die wenigen hundert Meter bis zur Brandung abzusteigen, um anschließend mit seinen Füßen im Wolkenmeer zu baden. Und wiederum einige hundert Meter über mir erstreckt sich eine zweite, noch imposantere Wolkenschicht, die so weit reicht wie das bloße Auge blicken kann und den Kibo völlig einhüllt. Den Kibo, dessen Nord-West-Seite man von hier sieht und dessen Gipfel ich nur vage erahnen kann. Plötzlich brechen Strahlen der untergehenden Sonne fächerartig durch kleine Risse in der oberen Wolkendecke und durchfluten den Himmel in allen nur erdenklichen Farbspektren. Einfach unbeschreiblich. Ein Panorama, das viel zu schade ist, um es jemals auf eine Postkarte zu drucken. Ein Panorama, nicht einmal für den Discovery Channel. Ein Panorama, das man in seiner Einzigartigkeit nur live vor Ort genießen sollte.

Es wird Zeit, meinen steinernen Fernsehsessel zu verlassen. Die letzten Sonnenstrahlen erlöschen und das Plateau wird von der gesichtslosen Dunkelheit der Nacht in Besitz genommen. Hastig stolpere ich zurück in Richtung Zelt und spüre jetzt deutlich die fallenden Temperaturen, die sich langsam aber stetig dem Gefrierpunkt annähern. Soll heißen: es wird arschkalt.

Gegen zwanzig Uhr poltert Gasper nochmal mit seiner Stirnlampe durch die Nacht und quetscht sich zu mir ins Zelt. Er möchte wissen, ob es mir bereits besser geht. Leider muss ich diese Frage mit einem trockenen „NO“ beantworten. Daraufhin diskutieren wir noch kurz darüber, ob es Sinn macht, Diamox einzunehmen. Das ist ein Medikament, das unter Bergsteigern weit verbreitet ist. Ein Allheilmittel, das auch von einem Großteil der Teilnehmer anderer Touren, wie sie mir stolz erzählt haben, bereits seit Tagen prophylaktisch geschluckt wird. Und selbst ich habe mir eine Packung dieser angeblichen Wunderpillen in die Erste-Hilfe-Ausrüstung gesteckt. Aber Gasper und ich beschließen erst einmal darauf zu verzichten, weil ich ja „nur“ starke Kopfschmerzen, Fieber und leichten Schwindel habe. Stattdessen nehme ich zwei Tabletten Paracetamol à 500 mg mit einer großen Tasse „Kilimanjaro-Tea“, krieche in meinen Schlafsack und schreibe spöttisch unter dem spärlichen Licht meiner Taschenlampe in mein Reisetagebuch: „Ein Tag zum Vergessen“ mit drei fetten Ausrufezeichen dahinter. Wohlwissend, dass das aber sehr wahrscheinlich niemals der Fall sein wird. So vollgepumpt mit Schmerztabletten schlummere ich irgendwann spätabends ein.

MITTWOCH – TAG 3 AM BERG: LAVA TOWER UND DAS BARRANCO CAMP

Kurz vor sechs Uhr treiben mich die Fluten an Tee, die ich diese Nacht in mich geschüttet habe, raus aus meinem wärmenden Schlafsack und hinein in die kalte, farblose Dunkelheit der Bergnacht. Während das Lager noch in einen schwarzen Mantel gehüllt ist, ist am östlichen Horizont schon ein blauer Himmel hinter einem gewaltigen Bergrelief zu sehen: der Kibo. Zentimeter um Zentimeter erhebt sich die Sonne auf der Nordseite des Kibos, als dieser noch seinen riesigen Schatten über das Lager wirft. Welch fesselnder Sonnenaufgang, bei dem man richtig merkt, wie die sommerlichen Strahlen der Sonne das Camp aus seinem Märchenschlaf erweckt. Ich stehe einfach nur still da und genieße. Genieße das einzigartige Schauspiel, bis die schneebedeckten Hänge des Kibos in voller Pracht zu sehen sind. Wow, für mich das erste Mal, dass ich mein Ziel direkt vor Augen habe. Bisher konnte ich nie einen Blick auf den Gipfel werfen, der sich in den letzten Tagen wie ein scheues Reh hinter einem dichten, jungfräulichen Wolkenschleier versteckte. Doch jetzt ist das Versteckspiel vorbei. Jetzt sehe ich, wohin mein Weg mich führt. Doch das was ich sehe, ist wenig angsteinflößend. Nichts weiter als ein hübsch anzusehender, schneebedeckter Hügel, der aus der Ferne betrachtet zu einem gemütlichen Sonntagnachmittagsspaziergang einlädt. Kaum zu glauben, dass der Gipfel noch 2.055 Höhenmeter entfernt sein soll: scheint machbar. Aber wenn ich eins bereits aus den Erlebnissen des letzten Tages unangenehm gelernt habe, dann, dass ich die Klappe lieber nicht zu weit aufreißen sollte. Dass mich die Höhe ziemlich schnell und unsanft auf den Boden der Tatsachen zurückholen kann und es den Kibo herzlich wenig interessiert, wenn ihn ein Flachlandfuzzi aus Germany für ein hübsch anzusehendes Sandkörnchen in der weiten ostafrikanischen Steppe hält. Dabei werde ich das Gefühl nicht los, dass ich hier nur Gast auf Zeit bin. Ein ungebetener Gast, den man nur duldet und auch schnell und ohne viel Tamtam vor die Tür setzen kann.

Hasani stellt mir eine Schüssel heißes Wasser hin. Der einzige Luxus bei dem sonst recht spartanischen Lagerleben. Also genieße ich die Annehmlichkeiten und widme mich meiner morgendlichen Körperpflege, als in einem Moment der Unachtsamkeit drei Geierraben herunterstürzen, von denen einer mit meinem einzigen Stück Kernseife im Schnabel stolz davon fliegt. Diese frechen, respektlosen, schwarzen Viecher mit ihrem weißen Punkt im Nacken. Bestimmt ist das der gleiche blöde Vogel, der mir gestern die Erdnüsse gestohlen hat. Aber diese fette Beute wird ihm sicherlich wenig Freude machen. An dieser Seife wird er noch lange zu verdauen haben. Wohl bekommt's, du alter Weißnacken, und auf Nimmerwiedersehen!

Mir geht es immer noch schlecht und so beschließe ich erst mal meine Checkliste für Höhenkrankheit durchzugehen. Eine Checkliste mit Symptomen, die ich mir noch ganz stolz im ersten Hotel aufs Handy geladen habe:

- Kopfschmerzen: Ja
- Unbehagen: Ja
- Schwindelanfälle: Ja (haben sich aber über Nacht gebessert)
- Schlaflosigkeit: Nein
- Übelkeit: Nein
- Appetitlosigkeit: Nein
- Erbrechen: Nein
- Gehbeschwerden: Nein
- Koordinationsschwierigkeiten: Nein
- Benommenheit: Nein
- trockener Husten: Nein

Ok, drei von elf. Nicht gerade gut, aber noch kein Grund für mich auch nur einen Schritt zurückzumachen. Also ergänze ich mein Frühstück um weitere 1.000 mg Paracetamol, schnappe meine Ausrüstung und reihe mich mit Guide Gasper in die bergauf trabenden Trägerkolonnen ein.

Das Schönste an dieser Machame Route ist für mich, dass man jeden Tag in eine ganz neue, eigenartige und andere Welt eintaucht. Es wird mir einfach nie langweilig. Sicherlich ist dies einer der Gründe, warum diese Route als attraktivste aller Kilimandscharo-Routen gilt. Und genau dieser Nimbus war ausschlaggebend für mich diese Route zu wählen. Das und die Tatsache, dass mein Ego nicht die leichteste Route, die Marangu Route, besteigen wollte. Erst recht nicht, wenn jene Route zudem noch den Spitznamen einer amerikanischen und omnipräsenten, koffeinhaltigen Limonade trägt. Für einige mag das Besteigen mit dieser leicht arroganten Einstellung anmaßend, respektlos, unvernünftig und riskant klingen. Alles Attribute, die völlig zutreffend sind für jemanden, der so unvorbereitet auf diesen Berg steigt. Dessen Informationen über diese Route genauso umfassend sind wie der Wetterbericht in einer Tageszeitung oder jeder Schritt so unvorhersehbar ist wie das englische Wetter. Für den jeder Augenblick, den er hier verlebt, ein weiterer Meter in eine ungewisse Zukunft war und der möglicherweise auch zu blöd ist, um zu merken, dass er völlig blind in sein Unglück rennt. Ich für meinen Teil nenne so etwas Abenteuer pur. Und dabei habe ich nur ein Bild im Kopf: Nämlich ein Foto von mir, wie ich höchstpersönlich und überglücklich am Gipfelkreuz stehe. Das ist mein Ziel. Und dieses Ziel rufe ich mir immer wieder und wieder in Momenten mentaler Schwächen vor Augen. Egal, wie dumm es sich auch anhört, das ist mein psychologischer Anker. Das soll mein Trick sein, um mich auf die Spitze dieses Sandkorns mitten in Afrika zu bringen. Da mir der Weg bis zum Ziel jedoch, wie bereits erwähnt, völlig unbekannt ist, fühle ich mich bei jedem Schritt wie Hans Meyer und Ludwig Purtscheller. Die beiden Pioniere, die sich 1889 diesen Berg aufwärts quälten und als Erste den Uhuru Peak, den höchsten

Punkt auf dem Gipfel des „Kilis", erreichten.

Dabei führt mich heute Morgen mein meyerscher und purtschellerscher Abenteurerdrang nur durch bizarre, leicht ansteigende Gesteinslandschaften, die Nord-West Flanke des Kibos immer fest im Blick. Auf diesem Teil des Shira Plateaus befinden sich keine Bäume oder gar Sträucher mehr. Lediglich riesige Felssteine versperren uns den staubigen Weg und zwingen uns Slalom zu laufen. Die Sonne am wolkenlosen Himmel brennt uns unerbittlich ins Gesicht und verhilft somit der Lichtschutzfaktor-30-Sonnencreme zu ihrer Daseinsberechtigung und der viel zu warmen Hardshelljacke zu einem Platz im Rucksack. Beim Durchlaufen dieser bizarren Gesteinslandschaft passieren wir überall diese lustigen kleinen und großen Steinmännchen. Wanderer haben diese auf den unzähligen Felsen über Jahrzehnte hinweg aufgestellt. Ein mir sympathischer, jedoch völlig unverständlicher Brauch, den ich sonst nur aus skandinavischen Ländern kenne und der dort als Schutz vor Trollen oder als Wegweiser in Gebirgen ausgeführt wird. – Aber naja, wer will denn schon die Trolle verärgern oder sich restlos verlaufen. Also lege ich rein prophylaktisch ein Steinchen oben drauf. Sicher ist sicher.

Obwohl wir unser Tempo im Vergleich zum Vortag deutlich verlangsamt haben, immer getreu der ostafrikanischen Zauberformel „pole pole", was so viel heißt wie „immer mit der Ruhe", lassen wir die meisten anderen Teams hinter uns zurück. Nach einigen Stunden Aufstieg, wahrscheinlich sind es vier, stoßen wir auf Bergsteiger anderer Touren. Bergsteiger, die, wie Gasper erzählt, die Lemosho Route gewählt haben und deren Weg jetzt mit unserem zusammenfließt. Gemeinsam kämpfen wir uns eine immer steiler werdende Rampe in Richtung einer riesigen Felsformation hinauf, die zackig und eckig wie eine Pfeilspitze aus dem Boden emporragt. Jeder Schritt fällt mir jetzt schwerer. Mein Schädel platzt gleich. Ich fühle mich wieder schwindelig, fast schon wie benommen, während ich Schritt für Schritt auf diese eigenwillige Formation zusteuere. Und zum ersten Mal habe ich auch das Gefühl, dass mir das Atmen etwas schwerer fällt. Doch eigentlich kein Wunder. Da ist es schon eher verwunderlich, dass es mir erst jetzt auffällt. Immerhin nimmt der Sauerstoff in der Luft mit zunehmender Höhe rapide ab. Auf dem Gipfel soll dieser sogar laut Freund Wikipedia lediglich die Hälfte des Gehaltes auf Meeresniveau haben. Bis zum Gipfel sind es aber noch mindestens zwei, drei Tage und es gilt etliche Höhenmeter zu überwinden. Meine einzige Chance ist es, dass sich mein sauerstoffverwöhnter Flachlandkörper schnell daran anpasst. Dass er schnellstmöglich zusätzliche rote Blutkörperchen produziert und den dringend benötigten Sauerstoff auch bis in die letzte meiner gehetzten Zellen pumpt. So die schnöde Theorie, so der banale Plan. Aber wie das mit Plänen so ist: kein Schwein hält sich daran. Stattdessen scheint sich mein Körper auch zu denken: „immer mit der Ruhe, nicht nötig" und lässt mich weiter leiden. Also genieße ich das wohlig-warme Gefühl in meinem Kopf als würde eine ganze Sambaschule darüber trampeln und muss erst einmal damit vorliebnehmen, dass sich meine Atemfrequenz bemerkbar erhöht hat. Und weil mir eh nichts weiter übrig bleibt, stapfe ich weiterhin sehr langsam, aber gewohnt motiviert bergauf. Weiter in Richtung Pfeilspitze. Pole pole!

Endlich, endlich erreichen wir gegen Mittag diesen sogenannten Lava Tower, der auf 4.470 Metern liegt und damit fast die Höhe des Mount Merus (4.570 m) hat. Ich bin elendig müde und habe einfach nur das Bedürfnis, mich rücklings auf einen Felsen zu legen und die Augen zu schließen. Nichts leichter als das. Wenn es hier eins im Überfluss gibt, dann sind es Sand und Felsen. Kleine und große Felsen, runde und eckige, scharfkantige oder stumpfe. Einfach alles, was ein Geo- und Petrologenherz höherschlagen lässt. Daher klettere ich über ein paar Felsen, vorbei an anderen Bergsteigern, schmeiße meinen Rucksack in die Ecke und bette mich in eine sonnenerfüllte, windgeschützte Nische, immer in der Hoffnung, dass der hämmernde Schmerz in meinem Schädel nachlässt. – Leider vergebens. Stattdessen reißt mich das Krächzen einiger Vögel aus meiner Lethargie. Einer dieser gefiederten Diebe traut sich doch tatsächlich an meinen Rucksack und versucht, mein Lunchpaket zu plündern. Unglaublich. Leicht verdutzt und zugleich amüsiert, beobachte ich wie dieser kleine Scheißer an der Plastikfolie zerrt, die köstlichen Hühnerschenkel fest im Blick, doch ebenso unerreichbar. Vorbei. Mit einer Handvoll Kieselsteinen beende ich sein Treiben, um mich dann selbst über das Lunchpaket herzumachen. Aber irgendwie fehlt mir der Appetit. Gar nicht gut, sage ich zu mir und setze ein weiteres Häkchen hinter meine Checkliste für Höhenkrankheit. Dabei lässt mich der kleine Scheißer die ganze Zeit nicht aus den Augen. Er belauert mich förmlich und es ist mir fast etwas unheimlich, wenn er mich mit seinem Blick aus pechschwarzen Augen durchbohrt. Er hüpft beidbeinig immer näher an mich heran, nur um dann wieder kurz vor mir und seiner begehrten Beute panisch mit ein, zwei kräftigen Flügelschlägen zu flüchten. Ein Spielchen, was sich eine ganze Zeitlang wiederholt. Gönnerhaft wie ich heute Mittag bin und froh über diese kleine Ablenkung, werfe ich ihm meine angeknabberte Keule hin, was er standesgemäß mit fidelem Krächzen quittiert. Hastig schlingt er das Hühnchen runter und kann anscheinend damit seinen mit Kernseife gebeutelten Magen etwas besänftigen. Während der Weißnacken sich und seine Beute gegen andere Artgenossen verteidigt, lege ich mich wieder in die Sonne und genieße das Pochen in meinen Schläfen und lausche den Klängen der ambitionierten Sambaschule, die in meinem Schädel gerade unbeirrt zu ungeahnter Hochform aufläuft.

Paracetamol? Für den Arsch! Die halbe Stunde am Lava Tower hat mir deutlich spürbar zugesetzt und es klingt in meinen Ohren wie Engelschöre, als Gasper mir erzählt, dass wir jetzt wieder absteigen. Warum auch immer und wie weit genau will er mir nicht verraten. Das ist mir aber auch herzlich gleichgültig. Hauptsache es geht bergab und die dickbusigen Sambatänzerinnen machen endlich die Fliege.

Anscheinend diente dieser Abstecher heute zum Lava Tower lediglich dazu, um die Akklimatisierung zu forcieren. Irgend so etwas habe ich auch schon mal in einer Doku über Bergsteigen gesehen. Immer getreu dem Motto: hoch gehen, tief schlafen.

Aber mal ehrlich, wenn es mir bei gerade mal 4.500 Metern so mies geht und ich mich fühle wie ein geprügelter Hund, will ich mir erst gar nicht ausmalen, was mich bei Höhen jenseits der 5.000 Meter erwartet. Die größten Sorgen mache ich mir allerdings um meine hämmernden Kopfschmerzen. Die und die verbreiteten Horrorgeschichten von Bergsteigern, die mit Gehirnödemen in Folge einer Höhenerkrankung vom Berg abtransportiert werden mussten. Und wie man munkelt, ist das eventuell auch ein Grund dafür, dass in der deutschen Botschaft angeblich eigens eine Kühlkammer für Leichen eingerichtet wurde.

Wie auch immer, nun geht es erst mal wieder bergab und wir lassen den Kibo linker Hand liegen. Der Weg führt anfangs ziemlich unspektakulär über staubig, steinigen Geröllboden und kleinere Hügelketten, bis der Pfad seitlich an einem Hang entlang in ein Tal mündet. Stetig geht es weiter bergab. Meter um Meter in einem rasanten Tempo über Stock und Stein. Dabei habe ich das seltsame Gefühl, dass wir bei diesem Affenzahn, den Gasper an den Tag legt, wahrscheinlich gleich wieder vor dem Machame Gate stehen. Wieder am Beginn meiner Reise. Dass er mir dort auf die Schulter klopft und irgendeinen Quatsch erzählt. Irgendetwas wie: „bei deiner gesundheitlichen Verfassung war es besser...", oder „unter diesen Umständen konnte ich nicht für deine Sicherheit garantieren...". Ich bin zwar kein Verschwörungstheoretiker, aber davon hat man doch schon mal gehört, oder nicht? Davon, dass die Companies gar nicht daran interessiert wären, die Bergtouristen bis ganz nach oben auf den Gipfel zu führen. Dass es ihnen ganz gelegen kommt, wenn die Touren vorzeitig abgebrochen werden müssen. Dass sie dann mit den freigewordenen Besteigungsteams neue Klienten auf den Berg schleppen können und frische Kohle scheffeln. Aber nicht mit mir. Denen werde ich ein paar ordentliche Takte erzählen. Doch es kommt anders. Vorerst.

Plötzlich und völlig unerwartet tauchen wir in eine surreale Umgebung ein. Alles ist in dichten, weißen Nebel gehüllt, so dass ich förmlich die hohe Luftfeuchtigkeit spüren kann, wie sie sich auf meine Haut legt und die Atemwege durchflutet. Beim weiteren Abstieg erscheinen im Nebel erst schemenhaft, dann immer markanter Riesenlobelien und überdimensionierte Senezien. Und irgendwo in der Nähe, jedoch gut verborgen im Nebel, höre ich das beruhigende Rauschen eines Baches und das Plätschern eines kleinen Wasserfalles. Als sich der Nebelschleier langsam lichtet, erreichen wir nach insgesamt sieben Stunden die Barranco Hut auf 3.940 Metern. Direkt vor der Hütte sitzt ein anderer Bergsteiger mit einem dieser nutzlosen Souvenir-Wanderstöcke und verleiht gerade seiner Erschöpfung mit lauten, talerschütternden Schreien Ausdruck. Ich kenne ihn und seine Sprache zwar nicht, aber Fluchen ist international und braucht sicherlich keine Übersetzung. Gasper dreht sich um, grinst mich verschmitzt an und denkt wahrscheinlich in diesem Moment das gleiche wie ich und die italienische Altherrencombo, die sich durchgeschwitzt und müde gemeinsam mit uns ins Park-Buch einträgt.

Im Camp, das zu beiden Seiten von hohen Felswänden flankiert ist, herrscht wie bereits schon in den anderen Camps zuvor, illustre Geselligkeit. Kein Wunder, treffen doch hier Teams mehrerer Besteigungsrouten aufeinander, um dann nach einer oder zwei Übernachtungen weiter in Richtung Uhuru Peak aufzusteigen, dem höchsten Punkt des gesamten Berges und auch zugleich mein unumstößliches, aus Lavagestein geformtes Ziel. Das ganze Lager ist überfüllt mit bunten Zelten und Menschen aller Nationalitäten. Und das Erste, was mir bei diesem Anblick in den Sinn kommt, sind die Worte vom großen Reinhold Messner. Messner hatte sich selbst am Kilimandscharo für seine Besteigung des Mount Everests vorbereitet und einst das heutige Bergsteigen am Mount Everest mit Massentourismus verglichen. Ja, Massentourismus trifft es hier am „Kili“ auch ziemlich gut. Sicherlich ist das Barranco Camp so überfüllt, weil die geführten Bergtouren dort auch häufig einen Ruhetag zur Akklimatisierung einlegen. Jedoch kratzt so ein überfülltes Lager schon ziemlich an der Wunschvorstellung eines einzigartigen Individualabenteuers. Nichts vom Mythos wie: ein Mann, ein Berg. Sondern vielmehr 25.000 Individuen jährlich, die alles andere als individuell über die Hänge des Kilimandscharos bis zum Uhuru

Peak über ausgelatschte Routen geschleust werden sollen. So zumindest die Theorie. In der Praxis hat sich die Höhe bereits als unkalkulierbare Größe erwiesen und das Feld derer, die am Machame Gate mit mir aufgebrochen sind, ist schon sichtlich ausgedünnt. Apropos Akklimatisierungstag. Welch sinnstiftendes und wohlklingendes Wort. Aber diesen Tag wird es für mich leider nicht geben, denn Gasper hat sich ganz fest in den Kopf gesetzt, dass ich am neunten August, meinem Geburtstag, auf dem Gipfel stehe. Ein sportliches Ziel angesichts meiner aktuellen Verfassung. Doch noch lässt mein Guide darüber keinen Zweifel aufkommen.

Für Geselligkeit habe ich keinen Nerv und für die Geschäftigkeit im Camp bin ich gerade überhaupt nicht in Stimmung. Ich möchte mich nur noch ausruhen. Also trotte ich erschöpft durch das Camp und begebe mich auf die Suche nach dem Rest meines Teams. Gasper hat offenbar denselben Plan und schreit stakkatoartig nach Hasani. Danach dreht sich annähernd jeder Klient, Guide und Porter im Camp irritiert um. Jeder außer Hasani. Nachdem das ganze Lager dank Gasper weiß, dass auch wir endlich da sind, finden wir auch bald Hasani. Der fleißige Hasani hat schon mein olivgrünes Zelt aufgestellt und dabei vor lauter Schufterei gar nicht bemerkt, dass er der mit Abstand gefragteste Mann im Lager war. Vielleicht ging das Gebrüll auch in seiner dicken, schwarzen Wollmütze unter, die er sich bis tief über die Ohren gezogen hat. Und auch mein zweiter Träger, Japhet, trudelt mit dem Rest meiner persönlichen Ausrüstung zeitgleich mit mir ein. Damit waren wir dann schon drei aus meinem angeblich fünf Mann starkem Team. Wilson, ein weiterer Träger, und Juma, meinen Koch, habe ich in den letzten drei Tagen noch nicht einmal zu Gesicht bekommen. Das kann aber auch daran liegen, dass die Träger anscheinend oftmals andere, kürzere Routen gehen als mein Guide Gasper und ich. Sie kürzen ab, um alles Nötige für das nächste Camp vorzubereiten, sodass ich Bergnovize beim Eintreffen gleich ein Schlückchen Tee, pappiges Popcorn und ein bezugsfertiges Zelt vorfinde. Also ziehe ich mich erschöpft ins Zelt zurück, wechsle meine feuchten Sachen und behandle meine Füße, die heute ziemlich stark mitgenommen wurden. An beiden Fersen haben sich daumengroße Blasen gebildet. Diese sind aufgegangen, die Haut hat sich abgeschält und lässt das rosafarbene Fleisch durchschimmern. Ok, ausheulen werde ich mich darüber nicht. Wenn du dir deine Wanderstiefel erst eine Woche vor der Abreise kaufst und der Verkäufer dir mit einem ironischen Klopfen auf die Schulter sagt: „Nicht vergessen, mindestens sechs Wochen lang einlaufen“, dann ist das halt so. Und obwohl ich die letzten Tage in Deutschland noch mit diesen klobigen Stiefeln bei über 30 Grad und mit Muskelfaserriss über den Berliner Ku'damm und bei der Arbeit rumgehumpelt bin, habe ich mit einigen Blasen ganz fest gerechnet und mich dementsprechend darauf vorbereitet. Die Entscheidung, im Supermarkt ein paar Euro mehr für Blasen-, Druckstellen- und Hühneraugenpflaster auszugeben, war deshalb goldrichtig.

Meine Kopfschmerzen sind weiterhin so stark, dass ich gleich noch mal zwei Tabletten Paracetamol nachwerfe und beschließe, den Rest des Tages gut eingemummelt in meinen Schlafsack im Zelt zu bleiben. Auch der Geistesblitz, dass die Kopfschmerzen durch verstopfte Stirn- und Nasennebenhöhlen verursacht werden, stellt sich als Trugschluss heraus. Denn das Einzige was beim Schnauben nach ein paar ordentlichen Hieben aus meinem Kindernasenspray aus der Nase läuft, ist Blut.

Folglich liege ich einige Stunden einfach nur wach im Zelt. Dabei starre ich unmotiviert an die grüne Zeltplane, versuche mich zu entspannen und trinke wieder Unmengen an Tee, um den nicht unbeträchtlichen Flüssigkeitsverlust am Berg auszugleichen. Hasani bringt mir gegen 19 Uhr das Abendessen und tafelt für nur eine Person unverständlich viel auf. Aber die Mühe hätten sich er und mein Koch Juma heute auch sparen können. Anscheinend ist Gasper der Meinung, dass ich ordentlich etwas essen sollte, um wieder zu Kräften zu kommen. Da muss ich ihn enttäuschen. Ich habe keinen Hunger und noch weniger Appetit. Aber ich weiß, dass ich etwas essen muss, um nicht noch schwächer zu werden. Und so quäle ich mich eine Stunde, um eine Schüssel Instantsuppe, zwei Scheiben Ananas und ein paar Löffel Reis runterzuwürgen. Ich finde das auch jämmerlich, aber so ist die Realität nun mal.

Im Zelt wird es jetzt trotz zweier Mittelklasse-Schlafsäcke, einen von der Company geliehen und einer von Freunden geborgt, spürbar kälter. Zwei Mittelklasse-VW Golf in der Garage machen offenbar doch noch keinen Luxus-Porsche. Daher bin ich auch alles andere als begeistert, dass ich dem Ruf der Natur folgend das schützende Zelt verlassen muss. Draußen ist es bitterkalt und die Nacht ist pechschwarz. Von mir im Zelt völlig unbemerkt geblieben, liegt das Tal mittlerweile unter einer geheimnisvollen Nebelschicht. Warm angezogen, mit meiner Stirnlampe am Kopf und der überlebenswichtigen Klorolle unter dem Arm, wage ich mich in die Dunkelheit. Meine Profilampe, die unter normalen Bedingungen den halben Berg ausleuchten kann, versagt hier völlig. Der Nebel ist so massiv, dass der Lichtkegel mir gerade mal ein Sichtfeld auf Armlänge ermöglicht. Aus der Erinnerung von meiner Ankunft heute Nachmittag im Lager weiß ich noch, dass zirka fünfzig Meter hinter meinem Zelt ein kleines, bretterbeschlagenes Klohäuschen steht, aber auch, dass sich dort irgendwo ein unbehaglicher Abhang zu meiner Rechten befindet. Ich laufe trotzdem los. Ein Fehler. Nur wenige Meter vom Zelt entfernt, habe ich vollends die Orientierung verloren. Ich sehe weder mein Zelt noch irgendeinen Anhaltspunkt, um mich zu orientieren und taste mich Schritt für Schritt durch die weiße Nebelsuppe. Mein eigentliches Ziel, das Klohäuschen zu finden, habe ich längst aufgegeben und möchte nur noch unbeschadet zu meinem Zelt zurückfinden. Aber einfach so nach dem Weg fragen geht auch nicht. Wie auch? Lässig an irgendeinem Zelt, in dessen Schnüre ich mich mit den Beinen verheddere, klopfen und freundlich sagen: „Excuse me. Have you seen my small green tent?“ Aussichtslos. Zum einen kennt mich hier keine Sau und zum anderen ist jedes dritte Zelt in diesem nebelaffinen Lager klein und grün. Schöner Mist, denke ich mir und prüfe gedanklich schon die Option, in einem anderen Zelt um Asyl bis zum Morgengrauen zu bitten. Unerwartet und wie aus dem Nichts steht plötzlich ein dunkelhäutiger Mann vor mir, bestimmt irgendein Porter, und sagt nur: „Toilet there!“ Er dreht mich in die richtige Richtung und schickt mich los. Unfassbar, nach zehn Metern finde ich tatsächlich den Holzverschlag, der als Klo fungiert. Profi wie ich bin, verirre ich mich natürlich nach getaner Arbeit auf dem Rückweg zum Zelt erneut. Doch wie in einem schlecht inszenierten Film taucht mein neuer Kumpel wieder auf und führt mich direkt zum Zelt zurück. Ich weiß zwar nicht, wer er ist oder wie er heißt, aber dieser Typ hat mir heute Nacht den Hals gerettet. Und ihm, mit seinem inneren Nebelkompass, gebührt noch mal ein dickes Dankeschön.

Endlich zurück im Zelt brauche ich einige Minuten im Schlafsack bis ich wieder aufgewärmt bin. Ich versuche zu schlafen. Keine Chance. Obwohl ich mich bemühe und hundemüde fühle, kann ich einfach nicht einschlafen. Die Kopfschmerzen und der Reizhusten tun ihr übriges und so liege ich wach und belle die Eiskristalle an, die sich langsam an der Decke des Zeltes bilden.

Wenn man eines hat bei so einer Bergbesteigung, dann ist es Zeit zum Nachdenken. Zeit und noch mal Zeit. Was soll man hier auch sonst großartig machen. Erst recht, wenn man wie ich alleine und nicht in einer Gruppe mit mehreren Klienten reist. Anfangs ist das noch sehr befremdlich. Die natürliche Stille, die gerade das Lager umgibt und die annähernd unberührte Natur machen auf mich, der den Großteil seiner Zeit in der lauten, reizüberfluteten und von Hektik getriebenen Stadt verbringt, einen irritierenden Eindruck. Im stressigen Alltag macht man oft zehn Dinge gleichzeitig. Aber hier am Berg ist man einzig auf sich und die Natur fixiert. Kein Handy, kein nervender Chef oder andere Geiseln der Zivilisation, die dich täglich wie ein Hamster im Rad laufen lassen. Nur du. Ursprünglich, als ich mich entschloss nach Tansania zu fliegen, wollte ich diese Reise und insbesondere diese Bergbesteigung dazu nutzen, um mir Gedanken über mein Leben in Deutschland und meinen täglichen Lauf im Hamsterrad zu machen. Ich wollte wissen, ob ich diesen ganzen uniformen, stressigen und mit heißer Nadel gestrickten Einheitsbrei im Management in meinem Lebenslauf überhaupt brauche und auch will, oder ob ich ausbrechen, mein

Leben auf links drehen und dem unbändigen Drang, die weite Welt zu erkunden und mich selbst neu zu finden, nachgeben sollte. Ob ich nach meinen drei Abenteuerwochen in der Wildnis weiter in meinem miserabel honorierten Job und mit einem inkompetenten Chef zurückkehren möchte, oder den Schritt gehe, der mich seit dem Abitur permanent beschäftigt, den ich aber aus Feigheit und Bequemlichkeit nie gegangen bin: den Schritt ins Ausland. Dazu komme ich aber irgendwie nicht. Zum einen bin ich genug mit mir selbst als leidender Bergsteiger beschäftigt, zum anderen habe ich mir in Afrika, und spätestens mit dem ersten Fuß, den ich auf diesen Berg gesetzt habe, geschworen, keinen weiteren Gedanken mehr an mein Leben in Deutschland zu verschwenden. Lediglich im Hier und Jetzt leben. Gegenwärtig in Tansania möchte ich, dass ich nicht nur räumlich, sondern auch mental durch über 6.600 Kilometer Luftlinie von meinem Alltag getrennt bin. Vielleicht, und wahrscheinlich wird es genau das sein, habe ich aber einfach nur Furcht und scheue das, was eine tiefgründige Auseinandersetzung mit mir selbst zutage fördern könnte. Womöglich etwas, das nicht so einfach mit ein paar Flugtickets oder einem prall gefülltem Bankkonto gelöst werden kann. Also nutze ich lieber die Zeit in meiner selbstgewählten Einmannzelle, um frei von allen Zwängen in Erinnerungen zu schwelgen. Erinnerungen an meine eindrucksvollen eineinhalb Wochen, die ich schon in Tansania bin.

RÜCKBLICK: ANKUNFT UND ERSTE TAGE IN TANSANIA

Airport Berlin Tegel – Airport Amsterdam Schiphol – Airport Kilimanjaro International. Drei Flughäfen und 13 ½ Stunden später setzte ich meinen ersten Fuß auf tansanischen Boden. Es war bereits dunkel, als ich mit den anderen Passagieren um 20:30 Uhr Ortszeit über das Rollfeld dieses kleinen, leicht provinziell wirkenden Airports lief, der sich auf einem Hochplateau südlich des Kilimandscharos befindet. Trotz meines Visums dauerte die nervige Ausweiskontrolle unverständlich lange. Die Warteschlage schien gar nicht kürzer zu werden. Umso ärgerlicher war es zudem, dass die Einreisenden ohne Visum in einer separaten Schlange teilweise schneller abgefertigt wurden als ich. Die siebzig Euro für die Expressbearbeitung und die Zeit, die ich mir in der tansanischen Botschaft in Berlin ans Bein gebunden hatte, hätte ich mir echt sparen können. Schließlich musste ich zweimal in der Botschaft antanzen und mich einmal davon sogar von der schnippischen Sachbearbeiterin auf Englisch anschnauzen lassen. Hier am Airport bekommt man ein Visum in kürzester Zeit und zahlt dafür nur läppische fünfzig Euro. Hier hat das Wort Expressvisum wenigstens eine Bedeutung.

Endlich war ich an der Reihe und sah mich einem düster dreinblickenden Beamten gegenüber, den ich kaum verstand. Schon stumpfsinnig, wenn man hinter einer dicken Plexiglasscheibe thront und sich dann noch mit den Leuten verständigen möchte. Also zeigte ich guten Willen und presste mein Ohr an die drei winzigen Löcher in der Scheibe. Mit Erfolg. Nach Sekunden wilden Gestikulierens und englischen, völkerübergreifenden Wortfetzen, die wir uns entgegenwarfen, war der düster dreinblickende Beamte plötzlich gar nicht mehr so düster und ich kapierte endlich, dass ich alle meine Finger nach einem bestimmten Muster auf den Scanner pressen musste. Während ich diese Prozedur mit stoischer Gelassenheit über mich ergehen ließ, erinnerte mich das alles ein bisschen an die Jugendsünde meines kleinen Bruders. Damals wurde er beim Zündeln an Strohballen erwischt und die netten Dorfpolizisten spielten mit ihm auf der Wache „guter Cop, böser Cop", Fingerabdrücke nehmen und mit der Tischlampe ins Gesicht leuchten inklusive. Wahrscheinlich hatten die übereifrigen Cops zu viele Hollywoodfilme geschaut. Mit einem Klopfen an der Plexiglasscheibe wurde ich durch den Flughafenbeamten wieder sanft aus meinem Tagtraum in die Realität zurückgeholt. Nach drei Minuten war der Spaß an der Passportkontrolle dann endlich vorbei und ich offiziell in Tansania eingereist.

Mit meinem Rucksack und der schweren Transporttragetasche verließ ich schließlich kurz nach 21 Uhr das Hauptgebäude des Airports, immer auf der Suche nach Bussen, die mich in das vierzig Kilometer weit entfernte Moshi bringen sollten. Dumm nur, dass es dort um diese Uhrzeit keine Busse gab und noch dümmer, dass ich davon vorher nichts wusste. Alles was ich sah, waren Schilder von Reiseveranstaltern, die ihre Pauschaltouristen abholen wollten und Schleuser, die versuchten, ahnungslose Touristen von einer Fahrt im Taxi zu überzeugen. Als ich auf meiner Suche nach einem Bus im Halbdunkeln des Parkplatzes unterwegs war, hatte ich alsbald solch einen professionellen Touristenschleuser an der Backe. Für fünfzig US-Dollar wollte er mir die Fahrt nach Moshi aufschwatzen. Gesund skeptisch wie ich bin und mit der „verlässlichen" Information aus meinem Internet-Reiseführer, die besagte, dass ich für nur zehn Dollar nach Moshi komme, befragte ich erst mal andere Einheimische. Aber die Jungs hielten zusammen wie Pech und Schwefel. Selbst der Polizist im Hauptgebäude konnte oder wollte mir nicht weiterhelfen. Stattdessen verwies er mich an ein großes Schild, auf dem handgeschrieben stand „Taxi to Moshi & Arusha. Official Price 50 $.". Aber irgendwie wurde ich das Gefühl nicht los, dass die mich abzocken wollten und startete deshalb einen letzten Versuch, um meine Reisekasse zu schonen. Also übte ich mich im Laienschauspiel und flunkerte den Schlepper ganz selbstbewusst an, indem ich einen auf empörten Kumpel machte. Ich sagte ihm, er solle doch aufhören mir die Touristenpreise hoch und runter zu beten und mich stattdessen für 30 US-Dollar nach Moshi fahren. Schließlich hätte ich den Preis vor zwei Monaten auch bezahlt. Aber was ich auch versuchte, die Typen schienen meinen Bluff zu durchschauen oder der „Official Price" war wirklich offiziell. Und so gab ich mich letztendlich zähneknirschend geschlagen und musste die bittere 50-Dollar-Pille schlucken.

Als einziger Fahrgast schmiss ich mein Gepäck in den Kofferraum und nahm mit einem mulmigen Gefühl im Bauch wie selbstverständlich vorne rechts im Taxi Platz. Leicht irritiert über das Lenkrad beim vermeintlichen Beifahrersitz und noch viel mehr belustigt über meine eigene Blödheit, konnte ich mir ein lautes Lachen nicht verkneifen. Aber wer mag auch erahnen, dass in Tansania Linksverkehr herrscht. Trotzdem, Allgemeinbildung: sechs, setzen! Nachdem ich dann endlich meinen Platz vorne links im Mitsubishi eingenommen hatte und mich versicherte, dass sich niemand auf der dunklen Rücksitzbank versteckte, fuhren wir los. Keine hundert Meter weiter hielt das Taxi in einer unbeleuchteten Ecke des Parkplatzes zwischen zwei großen, weißen Jeeps. Der Fahrer brabbelte kurz etwas auf Swahili, stieß seine Tür auf und verließ das Auto. Er kletterte über den Sicherungszaun des Flughafengeländes, tauchte in die Dunkelheit hinter vielen Bäumen ein und war verschwunden. So zurückgelassen, wich mein anfangs mulmiges Gefühl nun echtem Bedenken und ich sagte innerlich zu mir: „Okay, Stefan, du wolltest ein Abenteuer, hier hast du eins.". Plötzlich knackte es im Unterholz. Ich rechnete bereits mit allem und suchte mit meinen Blicken die Dunkelheit ab, in der mich der Fahrer zurückgelassen hatte. Erst erdrückende Spannung, dann wieder erleichternde Entwarnung. Der gleiche Fahrer sprang zurück über den Maschendrahtzaun und stieg mit einem kleinen Fetzen Papier in der Hand in den Wagen. Wie sich dann später an der Ausfahrtsschranke des Flughafengeländes herausstellen sollte, war das kleine Stück Papier ein Ausfahrtticket, das er sich irgendwo im

Unterholz, sicherlich illegal, beschafft hatte. Also verließen wir den Airport und fuhren durch die Nacht. Nacht ist hier wörtlich zu nehmen. Denn an diesem in die Jahre gekommenen Mitsubishi funktionierte lediglich das linke Standlicht. Von einem Sicherheitsgurt wollen wir gar nicht erst reden. Mit atemberaubenden sechzig Meilen pro Stunde bahnten wir uns den Weg durch die Dunkelheit und wurden nur durch Bodenwellen, Tiere und Menschen ausgebremst, die unvermittelt auf der Straße auftauchten. Die Gefahr eines Frontalzusammenstoßes mit anderen Autos versuchte mein Fahrer geschickt zu umgehen, indem er entgegenkommende Fahrzeuge mit der Lichthupe oder permanentem Blinker rechts auf uns aufmerksam machte. Spätestens da war mir klar, warum so unglaublich viele Menschen in Tansania bei Verkehrsunfällen ins Gras beißen.

Nach einer Dreiviertelstunde Blindfahrt, bei der ich den Fahrer vor Nervosität ständig in ein Gespräch verwickelte, erreichten wir gegen 22 Uhr das Parkview Inn Hotel in Moshi. Kurzzeitig hatte ich den Eindruck, dass ich nicht im Hotel, sondern im Fort Knox eingecheckt habe. Angesichts der mit Hochstrom gesicherten Mauern und dem Sicherheitspersonal am massiven Eisentor der Einfahrt, gar nicht so abwegig.

Das schrille Goldkehlchen eines muslimischen Predigers riss mich mit seinem morgendlichen Gebet aus dem Tiefschlaf. Unbedeutend und nicht weiter wild, denn die Nacht war zwar kurz, aber das Bett dafür umso bequemer. Und getreu dem Leitsatz „der frühe Vogel fängt den Wurm“ quälte ich mich widerwillig um sechs Uhr aus meinem Bett. Sechs Uhr Ortszeit oder fünf Uhr in Deutschland. Und das auch noch an meinem ersten Urlaubstag, zudem ein Sonntag. Das saß ganz schön und musste erst mal von mir mit einer warmen Dusche und einer ordentlichen Tasse original Kilimandscharo-Kaffee runtergespült werden. An diesem Sonntag gab es für mich nur ein Ziel: Finde eine Company, bei der du schon morgen auf Safari-Tour gehen kannst sowie eine Company, die dich auf den Kilimandscharo bringt. Gut, dass ich am Vorabend bereits auf die Buschtrommel geschlagen hatte und im Taxi, der Hotelrezeption und am Pool erzählte, dass ich alles vor Ort buchen möchte. So kam es, dass ich mich schon beim Öffnen meiner Hoteltür drei Männern von verschiedenen Companies konfrontiert sah, die alle ihr Geschäft mit dem deutschen Touristen witterten. Nachdem ich fast auf einen zwielichtigen, lederjackentragenden Straßenhändler reingefallen wäre, dessen Name es nicht wert ist hier genannt zu werden, landete ich letztendlich im Büro einer anscheinend vertrauenerweckenden Company, mit dem klingenden Namen Ostrich Holiday & Travel LTD . Zwei Stunden und eine zähe Verhandlung mit dem Tourmanager Freddy später, hatte ich alles, was ich mir vorgestellt hatte. Eine am Montag beginnende, sechstägige Camping Safari durch alle wichtigen Nationalparks im Northern Circuit sowie eine siebentägige Kilimandscharo-Besteigung über die Machame Route, inklusive aller Parkgebühren und dem mir noch fehlenden Equipment. Das Ganze zum akzeptablen Paketpreis von lediglich 2.200 US-Dollar, umgerechnet circa 1.600 Euro. Nicht schlecht und viel einfacher, als ich dachte. Sonntagmorgen zehn Uhr und mein Tagesziel war bereits erreicht. Einzig die Bezahlung sollte sich als etwas problematisch herausstellen. Die Companies akzeptieren in der Regel nur Bargeld und in meinem Fall sogar nur einheimische Währung. Trotz Guthaben auf meiner Visa Card, machte mir das Tageslimit von 500 Euro somit einen Strich durch die Rechnung. Schon lustig, denn in jedem Reiseführer steht, dass man überall mit US-Dollar, Euro oder Kreditkarte zahlen kann. Das trifft vielleicht auch auf größere Hotels zu, aber nach meinen Erfahrungen wird vorwiegend nur die heimische Währung Tansania-Schilling (TZS) akzeptiert. Also löste ich mein Problem, indem ich eine Ratenzahlung vereinbarte und mit George, einem Mitarbeiter der Firma, zu einer der zahlreichen, schwerbewachten Banken in Moshi lief. Dort hob ich am ATM Automaten eine Anzahlung in Höhe von 1,2 Millionen Tansania-Schilling, also ungefähr 740 Dollar, ab. Wohl war mir dabei überhaupt nicht, als ich als einziger Weißer weit und breit mit diesen riesigen Scheinbündeln, die beide Hosentaschen deutlich ausbeulten, durch die Stadt lief. Aber mal Hand aufs Herz: leichtes Unwohlsein ist auch völlig in Ordnung und sogar angemessen.

Noch kurz vor der Abreise aus Deutschland hatte mir meine besorgte Mutter eine ellenlange Liste mit Sicherheitswarnungen des Ausländischen Amtes für Tansania zugeschoben. Doch wer in solchen Situationen Angst hat, der sollte besser eine Pauschalreise von Deutschland aus buchen. Der sollte sich wie ein Pascha durch die Gegend kutschieren lassen oder im Hotel einigeln. Wenn man aber das Abenteuer sucht, das Land in seiner Gänze als Individualtourist kennenlernen möchte, und glaub mir, das willst du, dann kommst du um solche Situationen leider nicht herum. Dann ist die Gefahr, dabei auf offener Straße ausgeraubt zu werden, noch eines der kleineren Übel.

Nachdem ich das lästige Thema um die Finanzen für mich und die Company halbwegs zufriedenstellend geklärt hatte, war es Zeit, sich endlich den angenehmen Dingen zu widmen. Den Rest des Tages lies ich mich von George durch Moshi auf eine ganz besondere Stadttour entführen. Weit weg von den üblichen Ecken, die von den Touristen sonst totgetrampelt werden. Dabei blieben mir die einheimischen Hinterhofmärkte besonders im Gedächtnis. Diese Märkte sind ganz versteckt und ein echter Geheimtipp. Aber als ich mich erst einmal durch einen der unscheinbaren Torbögen und hinter ein paar Häuserecken getraut hatte, stand ich mitten auf einem dieser Märkte. Hier auf den Märkten konnte ich praktisch die einheimische Kultur live erleben, die durch das herzliche Treiben der Verkäufer und der farbenfrohen, frischen Angebotsvielfalt unglaublich faszinierend wirkten. Zugegeben, für mich, der deutsche hygienische Verhältnisse gewohnt ist, waren die in der Baracke vorbeilaufenden Mäuse und herumfliegenden Vögel, die dreckigen Wände und das fliegenbehangene Frischfleisch, leicht abschreckend. Aber auf der anderen Seite erstrahlte der Markt in allen nur erdenklichen Farben. Frisches Obst und Gemüse soweit das Auge reicht sowie eine Vielzahl von exotischen Gewürzen, nach denen sich vermutlich die Tim Mälzers und Jamie Olivers dieser Welt alle zehn Finger ablecken würden. Und genau das war es. Genau dieser Reiz des anderen. Der Reiz der kulturellen Unterschiede, der dieses Land für mich zu dem macht, was es ist: ein unvergessliches Erlebnis und ein riesiger Spielplatz für Abenteuerlustige.

Erst als George mit mir für 50.000 TZS, umgerechnet zirka 31 US-Dollar, in einem dieser landestypischen Kleinbusse, die in Tansania Dalla Dallas genannt werden, zum Marangu Gate fahren wollte, beendete ich höflich die Stadtführung. Denn für dieses Geld kommt man von Moshi mit dem Bus bis an die Ostküste in Dar es Salaam und wieder zurück. Eine Hin- und Rücktour, wie diese zum Marangu Gate, sollte selbst mit einem ordentlichen Touristenaufschlag nicht mehr als 8.000 TZS kosten. Allzu sehr abzocken lassen, wollte ich mich selbst im Urlaub nicht und beschloss, die Stadt am Abend noch mal auf eigene Faust zu erkunden.

Gesagt, getan. Am späten Abend trieben mich der Hunger und die Neugier noch einmal aus der gut bewachten Hotelanlage. Die Sonne war bereits untergegangen und die Stadt versank in Dunkelheit. Anders als in deutschen Städten, hält man hier anscheinend nicht viel von Straßenbeleuchtungen. Und so kam es, dass ich mich mehrfach selbst mit einem beherzten Sprung an den Straßenrand vor heranbrausenden LKWs und PKWs retten musste. An diesen Vehikeln funktionierte selten Licht und sie donnerten scheinbar völlig rücksichtslos durch die Straßen Moshis. Zum Glück waren diese uralten Karren derart laut, dass man sie meistens gut hören konnte. Bereits hundert Meter entfernt, kündigten sie sich mit lautem Hupen, ratternden Motoren oder quietschenden Bremsen an. Trotzdem war Vorsicht geboten.

Die Straßen waren überfüllt mit Menschen. Überfüllt mit Einheimischen, deren Leben sich nachts in den unzähligen Straßenrestaurants oder einfach nur auf den Bürgersteigen abspielte. Hier spürte man förmlich wie die Menschen ihr Leben zelebrierten, wenn Tourist XY bereits im Hotel verschwunden war. Überall waren kleine Grillstände aufgebaut, überall duftete es verlockend nach gegrilltem Fleisch oder gerösteten Maiskolben. Von diesem allumfassenden Duft angelockt und von den menschenüberfüllten Straßen und Gassen fasziniert, erkundete ich die Stadt – bis ich mich verlaufen hatte. Plötzlich fand ich mich in einer dunklen Gasse wieder, verfolgt von drei Männern. Als großer Europäer, der wie ein Fremdkörper mitten unter Gleichen hervorstach, bin ich den Einheimischen sicherlich nicht entgangen. Angefasst und angesprochen zu werden, das war ich tagsüber und auf den Hauptstraßen gewohnt. Aber verfolgt zu werden, das ging selbst mir zu weit. In meinen Ohren hallte immer noch die Warnung der hübschen Hotel-Rezeptionistin, die mir zusammen mit einer Karte von Moshi Town den Ratschlag schenkte, so spät nicht mehr allein in die Stadt zu gehen. Also versuchte ich so schnell wie möglich wieder eine der beiden parallel verlaufenden Hauptstraßen zu finden. Das war in der Dunkelheit alles andere als einfach, gelang mir aber glücklicherweise dennoch. In der Nähe des Polizeihauptquartiers waren diese drei Kerle plötzlich verschwunden und ich wieder um drei graue Haare reicher. Ich beschloss, dass es genug Kultur für diesen Abend war und wollte mein Glück nicht weiter ausreizen. Außerdem hatte ich kein Geld mehr in Form von Tansania-Schilling, mein Tageslimit für die Kreditkarte war restlos erschöpft und in irgendeiner Wechselstube am dunklen Straßenrand wollte ich auch nicht allzu verführerisch mit meinen Dollarscheinen rumwedeln. Was blieb, war der Hunger und die Option, das hoteleigene Restaurant zu nutzen. Leicht enttäuscht von meiner Nachtwanderung zog ich mich ins Hotel zurück, aß dort ein gar nicht so leckeres Hähnchen-Chili und legte mich hungrig gegen zwölf Uhr schlafen.

DONNERSTAG – TAG 4 AM BERG: AUFSTIEG ZUM BARAFU CAMP

Was für eine jämmerliche Nacht im Barranco Camp. Selbst vor acht Tagen im Hotel nach dem ungenießbaren Hähnchen-Chili habe ich besser geschlafen als hier am Berg. Mir kommt es so vor, als hätte ich die ganze Nacht kein Auge zugetan. Und obwohl es sicherlich insgesamt dennoch ein bis zwei Stunden Schlaf waren, fühle ich mich an diesem Morgen wie gerädert. Fühle mich so, als hätte ich die letzten beiden Tage ordentlich durchgefeiert. Gestern Abend konnte ich anfangs nicht einschlafen, was ich zuerst auf meine Träger Hasani und Japhet geschoben habe, die im Nachbarzelt lauthals lustige Gutenachtgeschichten zum Besten gegeben haben. Auch das heisere Husten der anderen mittlerweile erkrankten Klienten, die das Tal mit ihrem Bellen in einen melodischen Kanon verwandelten, machten Schlaf trotz Ohrenstöpsel unmöglich. Aber dann, nachdem endlich die Musiker die Bühne verlassen hatten, meine Porter die Klappe hielten und drückende Stille in das Lager eingekehrt war, gab es keine Rechtfertigung mehr, wach zu liegen. Gab es nur noch den Wind, der sich wie jede Nacht mit meinem Zelt vergnügte und es gab mich, der einfach nicht einpennen konnte.

Als am Morgen die ersten Sonnenstrahlen das Tal erhellen, klettere ich völlig müde und zermartert aus meinem Zelt. Stolz kann ich am heutigen Morgen auf meiner Checkliste für Höhenkrankheit den nächsten Haken setzen. Mit der Schlaflosigkeit wären wir somit schon bei suboptimalen fünf von elf Symptomen. Eigentlich Grund genug, um einmal tief in sich zu gehen und das Projekt Uhuru Peak kritisch zu hinterfragen. Aber nur eigentlich. Verantwortungsbewusst wie ich bin, kaue ich auf meinen zwei Schmerztabletten rum, um dann mit einem ordentlichen Schluck Wasser nicht nur meine Kopfschmerzen zu betäuben, sondern auch alle Gedanken und Bedenken rund um das Thema Höhenkrankheit und Akklimatisierung mit stoischer Ignoranz möglichst tief runterzuspülen.

Unterdessen ist im Lager nicht viel los. Die meisten schlafen noch oder liegen in ihren Zelten, um Schutz vor den letzten Hinterlassenschaften der Nacht zu suchen. Um Schutz zu suchen vor der Kälte, die weiterhin das Tal fest umklammert. Der Himmel ist klar. Keine Spur von tiefhängenden Wolken oder Bodennebel, die mich noch so entzückt haben bei meinem abendlichen Blindflug zum Klo. Auf dem Boden hat sich vereinzelt Frost gebildet und die Zelte schimmern überzogen von Eiskristallen im Morgenlicht. Und in genau diesem Morgenlicht türmt sich der imposante Kibo direkt vor mir mit seinen schneebedeckten und eisbeladenen Hängen auf. Fast scheint es mir, als würde er mich leise herausfordern. Mehr noch, als würde der Gipfel von oben auf mich süffisant und köstlich amüsiert herabschauen. Ich schiebe diesen absurden Gedanken zur Seite, genieße die langsam einsetzende Wirkung der Paracetamols und huste mir stattdessen zum dritten Mal an diesem friedlichen Donnerstagmorgen die Seele aus dem Leib.

Wie an bisher jedem Tag auf dieser Tour des Leidens, betreibe ich erst etwas Katzenwäsche, packe meine Ausrüstung zusammen und quäle mir unter akribischer Aufsicht von Gasper zwei Toastbrote mit Konfitüre und etwas Obst rein. Dann brechen wir auf. Ziel unserer heutigen Etappe ist das Barafu Camp. Dieses Camp ist mit 4.600 Metern nochmal höher als der Lava Tower und gleichzeitig das letzte Lager bevor es auf den Gipfel geht. Nach wenigen Minuten Fußmarsch erreichen wir eine raue Felswand, die fast 300 Meter senkrecht nach oben führt und den leicht unverständlichen Namen Breakfast Wall trägt. Verdutzt und etwas ungläubig stehe ich davor. Schaue mir die Wand mit Gasper etwas ausführlicher an, bis mein Nacken anfängt zu schmerzen und die leise Ahnung langsam zur Gewissheit wird. Dabei erkenne ich viele Menschen, die sich langsam im Fels, als

Farbtupfer getarnt, nach oben arbeiten. Und ehe ich bis drei zählen kann, bin ich selbst einer von den armen Trotteln, die sich dort hochquälen. Doch wenn ich schon ein armer Trottel bin, was sind denn dann bitteschön die Porter? Diese bleistiftdicken Burschen klettern hier vollbepackt wie Lastentiere den Berg rauf. Das Ganze noch größtenteils freihändig, weil sie die Last permanent festhalten müssen. Dabei immer nur wenige Zentimeter vom Abgrund entfernt. In meinen Augen gleicht das dem Ritt auf einer Rasierklinge und macht sie zu den eigentlichen Helden dieser Tour. Wenn ich in die gestressten, zum Zerreißen angespannten Gesichter der Träger blicke, sehe ich, dass sie sich dessen auch voll bewusst sind. Denn dieser Anstieg an diesem Donnerstagmorgen geht sogar an den sonst so cool wirkenden Trägern nicht spurlos vorbei. Und auch ich bin hoch konzentrieren. Auch ich bin bis in die letzte Faser meines Körpers zum Zerreißen angespannt. Die Trekkingstöcke, die mir die letzten Tage ein treuer Begleiter waren, verschnüre ich fest an meinem Tagesrucksack, denn hier brauche ich jede freie Hand. Auch der leichte Schwindel steht mir diesen Morgen wieder tapfer zur Seite und macht mir das Klettern zunehmend schwerer. So schwer, dass ich mich regelrecht dazu zwingen muss, immer erst einen festen Tritt und sicheren Griff zu suchen. Die Gefahr, dass ich den Halt verliere oder lose Steine abtrete, ist viel zu hoch. Genauso wie die Gefahr, dass ich selbst einen Stein abbekomme, der meinen Schädel wie eine überreife Melone zum Platzen bringt. Ein Wunder, dass bisher nichts passiert ist. Den redegewandten Autoren, die überschwänglich verkünden, dass der Kilimandscharo ein Berg ist, den man leicht „bewandern" kann, gehören ein Mal ordentlich in den Schwitzkasten genommen. Für echte Bergkletterer wie die Reinhold Messners dieser Welt, mag das sicherlich zutreffen. Die würden hierfür wahrscheinlich nicht einmal die Schuhe schnüren, geschweige denn die Hände aus den Hosentaschen nehmen. Aber für den viel zitierten Ottonormalverbraucher, der Berge nur vom Discovery Channel oder einer Tolkien-Romanverfilmung kennt oder den Wochenendwanderer, der gemütlich durch Wald und Flur stolpert, spielt dieses Stück rauer Fels der Breakfast Wall am Barranco Camp in einer anderen Liga. Für dieses Stück Kilimandscharo braucht der Normalo definitiv eine gute Konstitution und feste Nerven im Gepäck. Gucke ich in die überanstrengten und angstverzerrten Gesichter der anderen Hobbybergsteiger, die sich zusammen mit mir am Steilhang vergnügen, weiß ich, dass ich mit meiner Ansicht nicht ganz allein bin.

Doch eine Stunde später stehe ich oben. Schweißnass, aber erleichtert, es geschafft zu haben, setze ich mich erst einmal. Meine Lunge pumpt und durch den Druck in meinen Ohren höre ich wie mein Herz rast. Bei einigen hastigen Zügen aus meinem Trinkschlauch komme ich langsam zur Ruhe. Und weil danach immer alles bekanntlich eh nur halb so schlimm war, verbuche ich das Ganze unter Frühsport. Gesund und ausgeruht, hätte mir diese kleine Klettereinlage möglicherweise viel Freude bereitet. Aber heute nicht. Und das, obwohl ich sogar stolzer Besitzer eines Kletterscheins bin. Doch den Kibo interessiert das alles nicht, er setzt andere Maßstäbe. Ich glaube, wenn dich die Höhe erwischt, gibt es für dich kein Entkommen. Egal, wie lange du schon in den Bergen dieser Welt unterwegs bist, egal wie viele Marathons du schon gelaufen bist und egal wie jung und dynamisch oder alt und zerbrechlich du bist. Die Gewalt der Natur schlägt erbarmungslos zu. Sie lässt dir nur zwei Möglichkeiten: kämpfe oder renne davon. Wenn du rennst, dann renn so schnell du kannst und soweit du kannst. Denn die Höhe sitzt dir im Nacken. Und mit jedem Schritt, den du absteigst, die Überlegenheit der Natur anerkennst, umso mehr lockert sie ihren festen Griff um deinen zerbrechlichen Hals. Du entscheidest dich dazu zu kämpfen? Gut. Aber vergiss niemals, dass jeder große Kampf auch einen großen Verlierer hat. Ob Kampf oder Flucht, der schmale Grat zwischen Vernunft und Unvernunft ist allgegenwärtig. Einzig und allein die Entscheidung zählt. Und vor diese Wahl stellt dich der Kilimandscharo mit jedem Schuhabdruck, den du ihm wie ein Brandeisen aufdrückst und damit laut in die Welt schreist: „Sieh her, bis hier bin ich schon gekommen und den Rest von dir bezwinge ich auch noch!“

Wow, was für bedeutungsschwere Gedanken so früh am Morgen. Und die auch noch von einem Greenhorn im Bergsteigen. Sagen wir doch, dass der Sauerstoff- und der Schlafmangel daran schuld sind oder Hasani einfach etwas in mein Trinkwasser gemischt hat. Gasper läuft derweil kreuz und quer über das kleine Plateau, klettert auf verschieden hohe Felsen, immer auf der Suche nach einem guten Handyempfang. Unbeeindruckt vom nervösen Gasper ist gerade ein winziger Vogel auf einem kleinen Steinmännchen gelandet. Er ähnelt unserem deutschen Spatz und wird freiwillig unfreiwillig zu einem beliebten Fotomotiv für ein Bergsteigerpärchen aus Österreich. Dabei findet er sich plötzlich wie ein Starlet auf dem roten Teppich im Blitzlicht der Kameras wieder.

Zehn Minuten sitze ich schon hier, beobachte wie ein Träger nach dem anderen die Breakfast Wall erklimmt und ohne Verschnaufpause weitertrottet. Merke aber auch wie die Sonne hinter Wolken verschwindet, der Wind mir in die durchschwitzte Kleidung pfeift und ich dadurch immer stärker auskühle. Mit einem Handzeichen signalisiere ich Gasper, dass ich weiterwandern möchte. Also brechen wir auf. Genauso wie auch der Vogel zum Bedauern der Paparazzi von seinem Steinhaufen.

Hier oben jenseits der 4.000 Meter, in der sogenannten „Alpinen Wüste", gibt es nichts, nur karge Tristesse. Nichts, außer trockene, unfruchtbare Böden. Auf diesen steinigen Böden trotzen einzig ein paar Flechten und Grasbüschel bedürfnislos der Witterung. Ab und zu drehen vereinzelt Vögel ihre Runden – immer auf der Suche nach einem Frühstück. Ein Frühstück, zu dem die kleinen Bergmäuse nicht werden möchten, wenn sie angstgelähmt unter den Grasbüscheln und Steinen Unterschlupf suchen. Nur Guide Gasper und ich brauchen uns keine Sorgen machen, dass wir zum üppigen Frühstück werden – jedenfalls noch nicht.

Nachdem wir gleich zu Beginn der Etappe diese Steilwand überwunden haben, wandern wir stupide über nicht enden wollende Hügelketten. Immer seitlich am Kibo entlang. Es geht auf und ab. Auf und ab. Gerade die immer wiederkehrenden Abstiege kosten sehr viel Kraft und ich muss permanent mit den Stöcken arbeiten. Mich selbst zu motivieren, wird immer schwieriger. Jeder Meter bergab fühlt sich an wie ein fetter Tritt in den Arsch: Wohlwissend, dass der Gipfel oben liegt und jeder Schritt runter gleichzeitig ein Schritt mehr ist, den ich gehen muss, um mein Ziel, den Uhuru Peak, zu erreichen. Der Schwindel, die Kopfschmerzen und der Schlafmangel setzen mir immer mehr zu. Zum Erzählen habe ich längst keine Lust mehr. Und so stapfen Gasper und ich schweigend durch die bizarre Lavalandschaft. Jede Stunde machen wir eine kurze Trinkpause. Der Himmel ist strahlend blau und nur leicht bewölkt. Der Wind auf dieser Seite des Berges ist kaum zu spüren. Nach vier Stunden Marsch kommen wir auf einem kleinen Plateau an. Kurz zuvor bin ich kletternd und schlitternd einen sehr steilen Pfad am Hang runter, der an einem kleinen Rinnsal endete. Die letzte Möglichkeit für alle, um an frisches Trinkwasser für die nächsten eineinhalb Tage zu kommen. Das Plateau gleicht einem Camp. Überall sammeln sich die Gruppen, um Auszuruhen und um Kraft für die letzte Teiletappe zu schöpfen. Kraft für den Aufstieg zum Barafu Camp. Und während große Tourveranstalter ganze Zelte aufstellen, in denen sich die Klienten ausruhen können und Mittag essen, setze ich mich auf einen großen Stein inmitten der Zelte und packe mein Lunchpaket aus. Hunger habe ich nicht, essen muss ich trotzdem. Das Einzige was ich nach fünf kräftezehrenden Stunden Auf- und Abstieg herunterbekomme, sind ein Schokoriegel, eine Babybanane und ein paar trockene Erdnüsse. Selbst das Trinken fällt mir schwer. Nicht, weil ich nicht durstig wäre, sondern vielmehr, weil mich der ekelhafte Geschmack der Reinigungstabletten für das Trinkwasser nach vier Tagen anwidert. Aber für solche banalen Befindlichkeiten ist hier schon lange kein Platz mehr. Also kneife ich die Backen zusammen und schlucke den Dreck runter. Würde ich jetzt noch damit anfangen, weniger als drei bis vier Liter Flüssigkeit am Tag zu trinken, wäre das sehr riskant und garantiert mein Gnadenstoß.

Nun ist es Gasper, der Druck macht und mich auffordert, weiterzugehen. Ich persönlich wäre gern noch auf meinem kalten Hocker sitzen geblieben. Hätte gern noch weiter den Geierraben zugesehen, wie sie sich zu fünft einen majestätischen Luftkampf über dem Plateau liefern. Hätte gern noch den Portern einer anderen Tour zugesehen, wie sie sich im handfesten Streit darüber einigen, wer hier bleiben darf oder wer mit in das höher gelegene Barafu Camp muss. Aber mein Gespür sagt mir, dass mein Guide ganz genau weiß, was er tut. Also laufen wir los. Besser gesagt, ich schleiche los und Gasper läuft mir geduldig hinterher. Denn die dünne Luft ist augenblicklich sehr präsent. Mehr als im Schneckentempo einen Fuß vor den anderen zu setzen, ist nicht möglich – so müssen sich alte Menschen fühlen, wenn sie im Supermarkt den Einkaufswagen vor sich hertreiben. Mehr stützend als schiebend. Nach wenigen Minuten wünsche ich mir bereits die nächste Pause herbei, wohlwissend, dass noch fast zwei energiezerrende Stunden bis zum nächsten Camp vor uns liegen.

Wir verlassen die windgeschützte Seite des Berges, als über uns dunkle Regenwolken aufziehen, und tauchen in eine seltsame Lava-Mondlandschaft ein. Überall liegen große und kleine Lavabrocken herum, die uns den Weg versperren. In der Ferne, auf einem gewaltigen Kamm, schimmern bunte Zelte aus der Monotonie der grauen Felsen hervor: das Barafu Camp. Mit dem bloßen Auge schon zu erahnen, jedoch für die Füße noch so weit entfernt. Aber das Ziel ist klar: durch dieses tiefe und langgezogene Tal und dann eine kurze, aber steile Rampe hoch.

Um vier Uhr nachmittags erreichen wir nach sieben zähen Stunden Aufstieg die ersten Zelte des Barafu Camps. Die Strapazen des Tages und die letzte steile Rampe haben meinem Körper den Rest gegeben. Ich spüre jeden Muskel und kann mich kaum noch auf den Beinen halten. Das Einzige was mich jetzt noch hält, sind meine Stöcke, mit denen ich mich immer wieder abstützen muss. Mein Schädel dröhnt wie verrückt. Und verrückt sind auch die letzten zehn Minuten durch das Camp bis zur Barafu Hut, die zu einer echten Tortur für mich werden. Andauernd über meterhohe Felsen, die den Weg versperren.

Vorbei im Slalom an Bergsteigern, die es sich bereits in ihren Zelten gemütlich machen. Vorbei an Trägern, die bepackt mit Kanistern noch einmal einige hundert Höhenmeter bis zum erwähnten Rinnsal für Koch- und Trinkwasser absteigen müssen. Angekommen an der Barafu Hut auf 4.600 Metern geht nichts mehr. Ich fühle mich hundeelend. So elendig wie nie in meinem Leben zuvor. Mir ist schwindlig und ich taumele von einem Bein zum anderen. In meinen Ohren rauscht es und ich habe echte Schwierigkeiten, einen klaren Gedanken zu fassen. Würde ich es nicht besser wissen, könnte man denken ich wäre besoffen. Der Drang, mich einfach nur auf die bretterbeschlagene Veranda der Hütte zu legen, ist übermächtig. Stattdessen fordert Gasper mich auf, mich in das Park-Buch einzutragen. Keine Chance. Ich gucke auf das Buch und kann keine klare Schrift erkennen. Ich nehme den Kugelschreiber und versuche meinen Namen und meine Unterschrift in das Buch einzutragen. Aber meine Hand macht mir einen Strich durch die Rechnung, weil ich nicht in der Lage bin, den Stift ordentlich zu führen. Irgendwas mit meiner Motorik funktioniert nicht mehr – und das macht mir eine Scheißangst. Also kritzele ich noch etwas Ähnliches wie meinen Namen in die unterste Zeile und setze mich unsanft auf einen Stein, leicht abseits der Hütte. Dort auf meinem steinernen Hocker atme ich erst einmal ganz tief durch. Dort frage ich mich ernsthaft, ob es das hier alles wert ist. Ob es das wert ist, sein Leben für nur einen kurzen Moment auf dem Gipfel zu riskieren. Ob es das wert ist, sich einzureihen in die Liste der ungefähr 20 Bergtouristen oder die der unzähligen Träger, die jedes Jahr die Besteigung des Kilimandscharos mit dem höchsten Gut, mit ihrem Leben bezahlen. Nein, das ist es gewiss nicht wert. Hier im Urlaub als Bergnovize wegen eines Gehirnödems oder was auch immer den Löffel abgeben? Nein, das macht sich sehr schleppend im Lebenslauf, darauf kann ich getrost verzichten. Dabei trifft es sich gerade ganz gut, dass so ein Mist immer nur allen anderen passiert, allen anderen aber niemals mir. Mir, dem selbsternannten Sonnenkind. Mir, dem vermutlich der spielerische Bergwind bereits das letzte bisschen Vernunft aus dem Gehirn geblasen hat. Doch bevor ich mir noch weiter meinen eh schon höllisch schmerzenden Schädel zermartere, kommt Gasper zu mir und wir machen uns träge, Schritt für Schritt, auf die Suche nach unserem restlichen Team und meinem Zelt. Ein sehr zähes Unterfangen, das Gasper wieder versucht zu beschleunigen, indem er das halbe Lager nach Hasani zusammenbrüllt. Unterdessen ist unsere Kommunikation, die meinerseits eh schon stark verkümmert und einsilbig war, auf das Nötigste zusammengeschrumpft. Ich habe das dringende Bedürfnis bei jedem Wort, das meinen Kehlkopf verlässt, lauthals zu kotzen und beschränke mich deshalb nur noch auf apathisches Kopfschütteln und unmotivierte Handzeichen. Ich will nur noch eines: hoffentlich bald mein kleines grünes Zelt finden und mich hinlegen können.

Gasper und ich sind die Ersten von meinem Team, die das Camp erreicht haben. Von den Trägern Hasani, Japhet und Wilson und meinem Koch Juma fehlt bislang jede Spur. Eine halbe Stunde vergeht bis die Jungs einer nach dem anderen langsam eintrudeln. Nachdem sie endlich alle da sind und von Gasper erst einen Anpfiff, dann ihre Aufgaben bekommen haben, gehen sie sofort an die Arbeit. Gasper scheint trotzdem ziemlich sauer auf die Jungs zu sein und bringt sie, mit zackigen Kommandos auf Swahili, ordentlich in Schwung. Leicht widerwillig beginnen sie damit, mein Zelt aufzubauen, das sie professionell mit überall herumliegenden Steinen befestigen. Während mein Team die Zelte mitten im Geröllfeld aufbaut, sitze ich leicht abseits und beobachte das Treiben. Machen kann ich eh nichts. Was sollte ich auch? Als riesen Häufchen Elend sitze ich einfach nur da und bin glücklich über jede Bewegung, die ich nicht machen muss. Also versuche ich lieber keinem im Weg zu sein. Zeitgleich erkunde ich mit einem Blick das Lager. Hier gibt es nichts, aber auch wirklich nichts Schönes. Das hier muss der ungastlichste Ort in Afrika sein. Aber genau dieses Nichts, diese Ungastlichkeit, ist es, was mich gerade begeistert. So habe ich mir eine Bergbesteigung immer vorgestellt. Es gibt nur mich und ein Fleckchen Berg mit aschgrauen und rauen Felsen, das ich mir mit ein paar anderen Verrückten teile. Und es gibt das dumpfe Gefühl im Bauch, dass sich alles nun Folgende, alles, was in den nächsten Stunden, ja sogar Minuten passiert, völlig meiner Kontrolle entziehen kann. Dass sich das Gefühl von relativer Sicherheit, das trotz aller Strapazen und körperlicher Probleme in den letzten Tagen dennoch immer vorhanden war, plötzlich in Luft aufgelöst hat. Dass es dem Bewusstsein gewichen ist, dass, wenn ich jetzt weitermache, wenn ich mich jetzt dazu entscheide, weiter aufzusteigen, nicht nur mit meiner Gesundheit, sondern sogar mit meinem Leben balanciere. Dass ich mein Abenteuer, ob nun Sonnenkind hin oder her, durch meine jetzige, beängstigend miserable Verfassung ganz real mit meinem Leben bezahlen könnte. Dabei vermischt sich in mir die Empfindung von Respekt und Bewunderung für jeden, der es bis hierher geschafft hat und sich an dieser letzten Gipfeletappe versucht, mit dem alles überschattenden Nervenkitzel, der für mich ausgehend von dieser fast unkontrollierbaren Situation versprüht wird. Ein perverses Gefühl. Ein Gefühl, das auf mich unverständlicherweise eine magische Anziehungskraft und den unbändigen Reiz des Neuen, des Unbekannten ausübt. Ein Reiz, der absolutes Suchtpotenzial verspricht. Ein Reiz, der mir einen kalten Schauer über den Rücken jagt und der meine Gedanken nur noch um den Berg kreisen lässt. Und in diesem Moment ist mir plötzlich klar, dass mich der Kilimandscharo ganz fest in seinen Bann gezogen hat. Dass ich nicht mehr die Kraft und die Macht habe, dieser unheimlichen Anziehungskraft des Gipfels zu widerstehen. Dass ich hier an diesem ungastlichen Ort alles daran setzen werde, um Afrikas höchsten Punkt zu erreichen.

Aber versteht mich nicht falsch. Alles, was vorher kam, hat sich in mein Herz gebrannt und diese Eindrücke werde ich mein Leben lang nicht vergessen. Eindrücke wie der Regenwald mit seinen atemberaubenden Pflanzen, der Sonnenuntergang am Shira Plateau oder ganz banale, stundenlange Märsche über trockene Sand- und Geröllwüsten. Aber hier und heute fängt für mich das richtige Abenteuer an. Hier im Barafu Camp: meinem persönlichen Basislager. Vergleichbar vielleicht mit dem Gefühl, was Bergsteiger am Mount Everest haben müssen, wenn sie in ihren Zelten im Basislager liegen und wissen, dass es bald richtig ernst wird. Natürlich möchte ich mir nicht anmaßen die Besteigung des Mount Everest und die schier unglaublichen Entbehrungen und Leistungen der Bergsteiger mit der Besteigung des Kilimandscharos zu vergleichen, aber ich glaube, der Kibo ist der Mount Everest des kleinen Mannes. Und genau dieses Gefühl, diese Atmosphäre vermittelt dieses Lager. Ein Gefühl von Endgültigkeit. Vielleicht war alles Vorhergegangene, die Tagesetappen, die stundenlangen Märsche und die ansteigende Höhe für den einen oder anderen nur ein Spaß. Aber hier im Basislager spürt man deutlich die Anspannung jedes Einzelnen. Anspannung, die sich über das Lager legt wie die dicken Wolken, die nun vom Wind zunehmend in das Camp getrieben werden. Sah man in den anderen Lagern noch viele Bergsteiger umherlaufen und die Umgebung erkunden, so macht das Lager jetzt einen menschenleeren Eindruck. Fast alle befinden sich in ihren Zelten. Zelte, die Schutz vor der unwirklichen Umgebung bieten. Zelte, die überall im steil abfallenden Geröllhang als Farbtupfer Wind und Wetter trotzen. Nur ganz vereinzelt sehe ich Bergsteiger, die versuchen, ein- oder zweihundert Meter weiter aufzusteigen, um sich an die Höhe zu gewöhnen. Ich schaue ihnen nach, bis sie verschwinden. Verschwinden unter der dicken Wolkendecke, die den Gipfel umgibt. Auf der einen Seite finde ich es schade, dass der Berg sich mit seiner vollen Pracht vor mir versteckt. Auf der anderen Seite bin ich ganz froh darüber, dass ich das Elend, was mir noch bevor steht, nicht ansehen muss. Fest steht nur, dass ich nicht in der Lage bin, heute auch nur einen Meter weiter aufzusteigen. Und während ich den Fitten unter den Lahmen zusehe, bis sie in den Wolken verschwunden sind, überlege ich mir schon zum dritten Mal, wie ich es anstelle, die 30 Meter bis zum Klohäuschen hochzukommen. Eigentlich komisch, dass ich jetzt schon zum x-ten Mal über den Gang zum Klo grübeln muss, aber genau das sind die leidigen Probleme, mit denen ich mich alltäglich am Berg auseinander setzen muss. Aber es nützt ja alles nichts. Also los geht's. In zwei Etappen, ganz langsam und zehn Minuten später, habe ich mein Ziel erreicht. Das Klohäuschen. Das Klohäuschen zu erreichen, hat fast schon etwas von Gipfelglück. Im Gipfelglück und stolz wie

Oskar, diese kolossale Leistung vollbracht zu haben, genieße ich den Triumph und bleibe noch eine Viertelstunde dort oben stehen. Eine Lüge. Denn in Wirklichkeit habe ich immer noch butterweiche Knie und scheue mich davor zum Zelt abzusteigen. Umso mehr atme ich durch, als ich wieder am Zelt ankomme und den Weg, der mich ähnlich stark angestrengt hat wie der Aufstieg, ohne Sturz überstanden habe. Mittlerweile steht auch mein Zelt und es wird allerhöchste Zeit mich hinzulegen.

Gasper kommt in mein Zelt, um mit mir den Zeitplan abzustimmen: erst Abendessen, dann etwas schlafen, um dreiundzwanzig Uhr wecken und gegen Mitternacht Aufbruch zum Gipfel. So ist sein Plan, so ist unser Plan. Eigentlich ganz simpel, oder? Dumm nur, dass ich mir gerade überhaupt nicht vorstellen kann in wenigen Stunden 1295 Höhenmeter bis zum Uhuru Peak aufzusteigen. Genauer gesagt, kann ich mir nicht einmal vorstellen, erneut die 30 Höhenmeter bis zum Klohäuschen zurückzulegen. Aber ich vertraue ihm. Vertraue darauf, dass er mich auf den Gipfel dieses höchsten afrikanischen Berges führt. Auf diesen Gipfel an meinem dreißigsten Geburtstag. Und hoffe, dass die Entscheidung richtig war, dafür den zusätzlichen Tag zur Akklimatisierung im Barranco Camp zu opfern. Wenigstens der Schwindel und die Koordinationsstörungen scheinen sich vorerst im Liegen etwas gebessert zu haben. Das macht mir wieder ein bisschen Mut und gibt neuen Auftrieb.

Das Abendessen kommt und mein Koch Juma hat sich mal wieder selbst in Menge und Vielfalt der Speisen übertroffen. Leider auch mal wieder völlig umsonst die Mühe gemacht, um unter diesen widrigen Bedingungen ein genießbares Essen für mich zu zaubern. Ich habe einfach keinen Appetit. Schlimmer noch, mir wird richtig übel, als ich das ganze Essen sehe und rieche. Keine Ahnung warum, aber ich habe jetzt leichte Bauchschmerzen und mein Magen fängt langsam an mir Schwierigkeiten zu bereiten. Zwei Scheiben Ananas von Jumas üppigem Mahl und ein Energieriegel aus meiner eisernen Notreserve, mehr geht nicht runter. Also geht das Essen fast unangerührt retour und Gasper flunkere ich an, dass ich stattdessen einige meiner Energieriegel gegessen habe.

Es ist neunzehn Uhr, dunkel und ich liege dick eingepackt in meinem Schlafsack. Ich bin völlig übermüdet, weil ich die letzten Tage nur schlecht und wenig geschlafen habe. Doch obwohl ich so müde bin, kriege ich kein Auge zu. Aber wer könnte das schon? Dafür bin ich innerlich viel zu aufgeregt und tausend Gedanken schießen durch meinen schmerzenden Schädel. Gedanken, die sich alle nur um eines drehen: den nahenden Gipfelaufstieg. Unruhig schaue ich immer wieder auf meine Armbanduhr und zähle die Minuten bis zum Aufbruch. Eine für mich unerträgliche Situation. Ich brauche etwas, womit ich mich ablenken kann. Ich brauche Zerstreuung und das so schnell wie möglich. Vielleicht hilft es, wenn ich mir wieder wie im Barranco Camp ein paar Bilder ins Gedächtnis rufe. Bilder von schönen Momenten oder Situationen, die ich bisher im wilden, unzähmbaren Tansania erlebt habe. Oder besser noch, ich schaue mir ein paar Bilder an. Also packe ich mein Smartphone aus, schalte es an und bleibe beim Durchblättern der Galerie bei den Fotos meiner Safari hängen. Außerhalb des Zeltes ist es derweil mucksmäuschenstill. Keine Menschen, die sich unterhalten, kein Geschirr, das klappert, nur der Wind, der unbekümmert über den schroffen Geröllhang peitscht. Innen im Zelt herrscht völlige Dunkelheit. Nur das Licht meines Handydisplays flackert farbenfroh auf und der monotone Zischton des Smartphones durchdringt beim Wechseln der Fotos durch Wischen über das Display die angespannte Ruhe.

RÜCKBLICK: SAFARI

Es war Montagmorgen halb sieben, als George mich vom Hotel abholte. Ich checkte aus, verstaute all mein unnötiges Gepäck im Büro der Company und saß kurz danach auf dem Beifahrersitz eines Jeeps, der über die gut geteerte Landstraße Richtung Arusha raste. Auf der Rücksitzbank lungerten zwei österreichische Volontärinnen. Man, sahen die beiden Mädels fertig aus! So fertig wie man halt aussieht, wenn man die Nachtfähre von Sansibar nach Dar es Salaam nimmt und von dort hunderte Kilometer mit dem Überlandbus nach Moshi schunkelt. Selbst schuld, dachte ich mir. Ich für meinen Teil war gut ausgeschlafen, frisch geduscht und voller Vorfreude auf meine Tansania-Safari. Sechs Tage Safari pur standen mir bevor. Sechs Tage im Northern Circuit durch alle für mich sehenswerten Nationalparks. Sechs Tage Abenteuer auf staubigen Straßen, mit exotischen Tieren und mit Übernachtungen auf spartanischen Campingplätzen. Jedenfalls war es das, was ich hier vor Ort gebucht hatte.

Zu meiner Verwunderung musste ich nach eineinhalb Stunden Fahrt in Arusha den Jeep wechseln und dabei die beiden wortkargen Österreicherinnen in einer herzzerreißenden Verabschiedung zurücklassen. Plötzlich saß ich in einem Jeep von einer anderen Company und hatte die beiden Mädels aus Österreich gegen zwei Kerle eingetauscht. Einer aus Neuseeland und der andere aus den Niederlanden. Komplettiert wurde meine testosteronstrotzende Mitfahrgelegenheit von zwei Einheimischen, Abib, dem Koch und Dismas, seines Zeichens Fahrer, Guide und Tourveranstalter in Personalunion. Nun konnte meine Safari mit African Ambition Tours endlich losgehen, einer Company, die als Subunternehmen von Ostrich Holiday &

Travel LTD angeheuert wurde und wahrscheinlich auch nur einen Bruchteil von meinem Geld gesehen hat. Eine Praxis, die mir bereits häufiger in Afrika begegnet ist, aber bei weitem kein rein afrikanisches Problem zu sein scheint.

Unser Tagesziel war der Tarangire Nationalpark. Um dorthin zu gelangen, donnerte unser Fahrer über miserable Straßen. Straßen, die den Namen Straße eigentlich nicht verdient hatten. Zutreffender wäre da schon die plakative Bezeichnung „Lochteppich mit vereinzelt Asphalt dazwischen" gewesen. Das oder „Bumpy Roads", wie die Einheimischen diese Straßen liebevoll schimpfen. Dismas fuhr jedenfalls wie ein Verrückter, aber immer kontrolliert. Er prügelte seinen alten Toyota Landcruiser über Stock und Stein. Und das so rasant, dass neben unserem Gepäck und dutzenden Eierpackungen aus unserer Wochenverpflegung, die überall im Jeep fein chaotisch verteilt waren, auch ich und alle anderen Insassen ordentlich hin- und hergeschleudert wurden. Vielleicht hat der gute Dismas eine Safari mit einer Wüsten-Rallye verwechselt. Aber egal, Spaß hat es definitiv gemacht. Und nur das zählte.

Zwei Stunden später und mit etlichen grauen Härchen mehr auf dem Kopf, erreichten wir das Zion Camp, ein mit Steinmauern und Maschendrahtzaun umschlossener Campingplatz am Rande des Nationalparks. Ein kreisrunder Holz-Pavillon, ein paar Kochstellen für die Safariköche und ein Klohaus rundeten die Herrlichkeit des Camps ab. Unterhaltsam ist irgendwie etwas anderes. Also luden wir das Gepäck aus und machten uns auf den kürzesten Weg in den Nationalpark, um das zu sehen, wofür wir eigentlich hier waren: Afrikas beeindruckende Tier- und Pflanzenwelt.

Einschließlich Tansania ist es bereits mein vierter Urlaub in Nord- und Ostafrika. Somit verbindet den schwarzen Kontinent und mich eine längere Geschichte. Sie begann als Kind im Alter von dreizehn Jahren und nimmt jetzt ihren Fortgang. Damals als Dreizehnjähriger hatte ich mit meiner Familie erstmals Ostafrika besucht. Dabei waren wir zwei Wochen in Kenia auf Safari. Wir besuchten alle großen Nationalparks, kurvten mit dem Jeep auch am Fuße des Kilimandscharos rum und übernachteten ausschließlich in komfortablen Lodges. Das Land und die Tiere haben mich schon damals begeistert. Sie zogen mich in ihren Bann, genauso wie die Vorstellung eines mit schnee- und eisbedeckten Berges mitten im Herzen Afrikas. Aber ich hatte Jahre später irgendwie immer das Gefühl, dass ich diese einzigartigen Nationalparks Ostafrikas, die ich durch die Augen eines Kindes kennengelernt hatte, noch einmal als Erwachsener erleben muss. Und dann, fast siebzehn Jahre später, fuhr ich durch diese Parks Tansanias, die das hielten, was ich mir unter ihnen vorgestellt hatte und noch vieles mehr. Der Tarangire-Nationalpark glänzte mit einem Reichtum an exotischen Tieren, die man sonst nur mit viel Glück fein säuberlich eingepfercht im Zoo bemitleiden darf. Ob Zebras, Giraffen, Gnus, Antilopen, Warzenschweine oder Löwen, Geier auf riesigen Affenbrotbäumen, Vogelsträuße oder einfach nur Elefanten, die in Horden am Jeep vorbeizogen und diesen dabei wie ein Spielzeugauto aussehen ließen: hier fand und findet man alles.

Nach einer ungemütlichen Nacht im Zelt, verließen wir das Zion Camp bei Sonnenaufgang und fuhren nochmal in den Park. Sehr zu meiner Freude wurde unsere Kommune durch zwei Mädels aus Großbritannien ergänzt. Eine echte Bereicherung. Eine echte Bereicherung war es auch, als wir am Nachmittag zum Lake Manyara Nationalpark aufbrachen und vorher noch unseren Niederländer an der Bushaltestelle rausschmeißen konnten. Nichts gegen Niederländer, aber man ging der Kerl uns allen auf den Keks. Wenn du einen Typen im Auto hast, der bei jedem Geier fast einen Herzinfarkt bekommt und mit seinem Fernglas alle Streifen einzeln auf den Zebras zählt, dann kann das schon mächtig nerven. Jedenfalls, der Niederländer ging und der Spaß kam. Im Jeep waren wir jetzt eine richtig eingeschworene Truppe. Alle waren fast im selben Alter und hatten das gleiche Verständnis von dem, was eine Safari ausmacht. Nämlich nicht stupide stundenlang die Tiere beobachten bis einem die Freude an dieser Besonderheit vergeht und der Hintern im Autositz einschläft, sondern vielmehr ein gesunder Mix aus

Tierbeschau und sozialen Aktivitäten. Auch wenn dazu ein paar Stunden gemütliches Rumgammeln im Lager oder Schlendern durch kleine Dörfer gehörte. Der Mix machte den Reiz aus.

Von den Tieren und der Natur war der Lake Manyara Park für mich wirklich nichts Besonderes. Die Tiere versteckten sich meist in den dichten Wäldern und an der Vegetation hatte ich mich auch schnell sattgesehen. Einziger Höhepunkt war eine von mir am See aufgescheuchte, rennende Giraffe, die einen imposanten Zweihundertmetersprint hinlegte. Ein echt skurriler und seltener Anblick. Viel interessanter war da schon unser Camp für die Nacht. Wir schlugen unsere Zelte im Sunbright Campsite auf. Ein Camp in einem kleinen Dorf mit dem wohlklingenden Namen Mto wa Mbu am Rande des Nationalparks und wie sich herausstellte ein echter Geheimtipp. Wer sich hierher verirrt, der kann sogar in originellen Holzhütten übernachten und am Abend zusammen mit den südafrikanischen Besitzern gemütlich ein Bierchen trinken und am Lagerfeuer, dem afrikanischen „Bush TV", über Gott und die Welt philosophieren.

Weniger gemütlich war da schon die Nacht für mich. Nachdem ich vom Lagerfeuer in mein Zelt gestolpert war, wurde ich abrupt aus meiner Nachtruhe gerissen. Wilde Hunde oder wer weiß was für Viehzeug drangen ins Zeltlager ein und rannten über meine Zeltschnüre. Den Rest der Nacht verbrachte ich damit, dass ich mit meinem kleinen Taschenmesser neben dem Schlafsack bewaffnet zuhörte, wie sich diese unbekannten Viecher vor meinem Zelteingang rumtrieben. Während es vor meinem Zelt knurrte und diese Tierchen auf irgendetwas rumkauten, schlief ich ein. Wie nicht anders zu erwarten, war ich der Einzige von uns Vieren, der nachts von diesen Viechern belästigt wurde. Und während ich mich am anderen Morgen verspannt und müde aus dem Zelt pellte, machte der Neuseeländer bereits fleißig seine Yogaübungen und die britischen Mädels schnarchten selig in ihrem Zelt. Diesen dritten Tag blieben wir auch noch am Lake Manyara. Wir fuhren nochmal in den Nationalpark, schauten uns auf eigene Faust die Stadt an, beobachteten das exotische Wesen eines tansanischen Gottesdienstes, aßen rote Bananen oder relaxten im Camp. Zwei Tage am Lake Manyara mussten nicht unbedingt sein, aber gestört hat es mich auch nicht sonderlich. Dafür konnten wir gut erholt am frühen Morgen des vierten Tages, diesmal auch ohne nächtlichen Zwischenfall, zur Serengeti aufbrechen.

In mein Reisetagebuch habe ich geschrieben: „was für eine Horrorfahrt". Und das war sie auch. Eingepfercht zu sechst holperten und polterten wir stundenlang mit unserem Toyota 95er Baujahr über ausgebombte Schotterwege und mitten durch die Prärie. Es kam wieder richtiges Rallyefeeling auf. Alle paar Kilometer passierten wir die Opfer der Landstraße: mit Achsenbruch oder Reifenschaden liegengebliebene PKWs, Jeeps und LKWs. Doch unser alter, sandfarbener Landcruiser hielt durch, auch dank der Fahrkünste von unserem Fahrer Dismas. Der Staub und die Hitze im Auto waren unerträglich. Anscheinend war eine Klimaanlage im Jeep Luxus. Und so wurde bei dem Versuch, etwas frische Luft ins Wageninnere zu lassen, stattdessen kubikmeterweise Staub hinein geschleudert. Die Luft im Auto war die gesamte Fahrt über zum Schneiden dick und die Staubpartikel verbissen sich in die zarten Atemwege der Mädels.

Angekommen in der Serengeti, drehten wir ein paar Runden. Sahen ganze Rudel von majestätischen Löwen, Gruppen von baumhohen Giraffen mit ihren Jungen und Herden von umherziehenden Antilopen. Die Vegetation hier war eine völlig andere als in den Parks zuvor. Hier gab es nur flache, ausgetrocknete und teilweise großflächig abgebrannte Grassavannen mit vereinzelten Bäumen und Sträuchern darauf. Diese Vielfalt, die man in den Weiten Tansanias mit nur ein paar Autofahrstunden bewundern kann, ist schon sehr beeindruckend.

Unser Nachtlager schlugen wir mitten in der Serengeti, im Pimbi Campsite, auf. Das Pimbi Campsite ist einer von neun öffentlichen Campingplätzen in der Serengeti. Kaum zu glauben, aber wahr: dort errichteten wir die Zelte, nachdem wir wenige Kilometer zuvor noch an hungrigen Löwen vorbeifuhren. Hier gibt es nichts, was einen im Notfall schützt. Kein Zaun und auch kein bewaffneter Ranger. Nur du und die Natur. Gegessen haben wir in einem Betonhäuschen, das zum Schutz vor wilden

Tieren mit massiven Eisentüren und Gitterfenstern gesichert wurde. Den gut gemeinten Rat, nachts keine offenen Lebensmittel mit ins Zelt zu nehmen, habe ich wohlwollend angenommen. Selbst zu einer Mahlzeit werden, nein, darauf hatte ich mal gar keine Lust. Während nachts in der nahen Ferne der Kreislauf des Lebens zu hören war, stand ich nur staunend da und blickte zum Himmel. Der Himmel war wolkenfrei und sternenklar. Nie zuvor hatte ich so viele Sterne auf einmal gesehen, die so hell leuchtend und mir zum Greifen nah erschienen. Sterne, die auch tatsächlich Sterne sind und keine blinkenden und blitzenden Lichter von all den Flugzeugen, die wie in Berlin den ganzen Himmel überziehen. Hier in Afrika gehört der Himmel noch den Sternen und das ist einfach einmalig und unvergesslich zugleich.

Am darauffolgenden Tag fuhren wir bereits im Morgengrauen, noch vor Sonnenaufgang, los. Es war richtig kühl und selbst mit zwei Fleecejacken unangenehm frisch im Ausguck des Jeeps. Aber der Ausblick entschädigte für alles. Für mich persönlich sind der Sonnenaufgang und die ersten Stunden am Morgen, die mit Abstand schönsten auf jeder Safari. Wenn die Sonne langsam am Horizont aufgeht und den Himmel in ein strahlendes Blau verwandelt. Wenn die Beutetiere sich, froh, die Nacht überlebt zu haben, am gelben Savannengras und ausgedorrten Büschen laben. Wenn der Jeep alleine seine Runden dreht und die Reifenspuren in den jungfräulichen Sandboden drückt. Dann spürt man förmlich wie die Frische den eigenen Körper und Geist durchströmt. Dann spürt man, wie man von seinem Alltag zu Hause abschalten kann und nur noch im Hier und Jetzt lebt. Dann spürt man, dass man überhaupt lebt.

Wir drehten noch einige Runden im Serengeti Nationalpark. Beobachteten dabei Leoparden, Geparden, Wasserbüffel, Nilpferde und Krokodile, bevor wir uns wieder weiter auf den Weg über ausgebombte Schotterstraßen zum Ngorongoro Krater machten. Am späten Nachmittag erreichten wir das Simba Campsite, direkt auf dem Kraterrand in 2.300 m Höhe. Überall dort liefen große Wasserbüffel und Zebraherden unmittelbar an unseren Zelten vorbei und fraßen sich am saftigen Gras satt.

Hier liefen auch das erste Mal Ranger mit halbautomatischen Gewehren durch das Lager. Und weil wir nachts weder einem bewaffneten Ranger noch einem schlecht gelaunten Büffel und schon gar nicht einem nach Menschenfleisch lechzenden Löwen begegnen wollten, verkrochen wir uns zu fünft in das Zelt der Mädels und leerten eine große Flasche einheimischen Konyagi Schnaps. Man war ich besoffen, als ich einige Stunden später zurück in mein Zelt torkelte. Mit dem seligen Grinsen eines Alkoholinfizierten schlief ich ein. So störte es mich auch nicht weiter, dass es inzwischen saukalt im Zelt war, draußen stark regnete und der Wind so kräftig an meinem Billigzelt rüttelte, dass ich Angst haben musste, dass es aus seiner Verankerung gerissen wird.

Mit einem ordentlichen Kater und leichter Erkältung wachte ich am nächsten Morgen auf. Den anderen ging es auch nicht viel besser und dementsprechend war die Stimmung gedrückt, als sich der Jeep die aufgeweichten Serpentinen zum Kratertal hinunter schlängelte. Die Straße war in einem schlechten Zustand und in eine dichte Nebelwand eingehüllt. So dicht, dass man erst wenige Meter im Voraus die Scheinwerfer entgegenkommender Autos erkennen konnte. Dementsprechend vorsichtig fuhr Dismas. Auch, weil die gefährlichen Straßen am Ngorongoro Krater in der Nacht wieder ein Todesopfer gefordert hatten. Ein Jeep war im Nebel frontal mit einem PKW zusammengestoßen und hatte dessen Fahrerseite total aufgerissen. Für den Fahrer kam jede Hilfe zu spät.

Im Kratertal selbst war es unangenehm kalt. So kalt, dass wir uns entschlossen, das Panoramadach des Jeeps vorerst geschlossen zu halten. So geschützt, beobachteten wir aus dem Wageninneren Löwen und Hyänen bei der Jagd auf große Gnu-Herden. Leider blieb uns der Blick auf ein Nashorn verwehrt und so zerplatzte die Chance alle „Big Five“ auf unserer Safari zu Gesicht zu bekommen. Wir kurvten noch ein wenig im Tal herum, das uns dann komplett mit einer dicken, tiefhängenden Wolkendecke von der Außenwelt abschirmte. So tief, dass ich nicht einmal mehr den Rand des Kraters erkennen konnte. Kurze Zeit später verließen wir den Ngorongoro Krater und rasten wieder mit Rallyefeeling zurück Richtung Arusha, denn ich hatte ja einen Plan. Einen Plan, der besagte, dass ich in Arusha von einem Jeep einer anderen Safaritour aufgelesen werde und mit diesem nach Moshi weiterkomme, um mir dort noch vor Einbruch der Dunkelheit ein Hotel für die Nacht zu suchen. Dieser Plan zerplatzte wie eine Seifenblase im Regen. Mit dreieinhalb Stunden Verspätung wurde ich in Arusha aufgelesen und erreichte Moshi erst gegen 22 Uhr. In Moshi war es dann schon pechschwarze Nacht. Es regnete ungewöhnlich stark und ohne Unterlass, als die letzten Fahrgäste den Jeep verließen. Plötzlich war ich allein mit dem Fahrer im Auto und leicht genervt. Wie sollte ich jetzt bloß noch einen Schlafplatz finden? Was für eine beschissene Situation, dachte ich. Blitzartig wurde die Tür hinten aufgerissen und zwei weitere durchnässte Männer sprangen hinein. Der Fahrer brauste los. Mit drei unbekannten schwarzen Männern fuhr ich durch die unbeleuchteten, verregneten Straßen von Moshi. Ich hatte wirklich keine Ahnung, wo ich mich gerade befand oder was diese Typen mit mir vorhatten. Ich hatte wie so oft in der Zeit in Tansania ein echt mulmiges Gefühl im Bauch. Aber genauso ging auch dieses Mal wieder alles gut und die drei luden mich im Jacaranda B&B ab, einem kleinen Hotel leicht außerhalb von Moshi. Für gute 35 Dollar bekam ich hier sogar noch ein Doppelzimmer, duschte mir noch mit eiskaltem Wasser den Dreck der letzten sechs Tage vom Körper ab und genoss den Luxus einer anscheinend frischbezogenen Bettwäsche samt weicher Federkernmatratze.

Am nächsten Morgen wachte ich mit einer fetten Erkältung auf. Hustete mir die Lunge aus dem Hals und spuckte dicken, gelblichen Schleim in mein Taschentuch. Kein Grund zur Sorge, sagte ich zu mir. Zumal ich meinen Muskelfaserriss auch nur noch marginal spürte. Und das war doch schließlich etwas wirklich Positives, was ich dieser „Glas halbvoll"-Situation abgewinnen konnte. Den Rest des Tages verbrachte ich damit, meine Klamotten zu reinigen, mein Equipment für den Kilimandscharo zu packen und ein paar Energieriegel im Nakumatt Supermarkt einzukaufen. Am Folgetag sollte es losgehen zu meinem großen Kilimandscharo-Abenteuer. Man war ich nervös und voller Vorfreude zugleich.

FREITAG – TAG 5 AM BERG: SO WEIT DIE BEINE TRAGEN (GIPFELTAG)

Noch während ich im Zelt zwischen den Safari-Fotos in meinem Handy hin- und herblättere, signalisiert mir der penetrante Alarm meiner Armbanduhr, dass es 23 Uhr und Zeit um Aufzuwachen ist. Unnötig, denn ich liege bereits seit drei Stunden wach in meiner „Einmannzelle". Also wieder drei unruhige Stunden ohne den dringend erforderlichen Schlaf und definitiv viel zu viel Zeit zum Grübeln.

23:10 Uhr und ich checke zum zweiten Mal meine Ausrüstung für die Gipfeletappe. Ist wirklich alles dabei? Genügend Wasser und Energieriegel, Stirnlampe, Ersatzlampe und Ersatzbatterien, Ersatzhandschuhe, Sonnenbrille und MediPack? Ja, alles sieht gut aus. Also ziehe ich so ziemlich alles an Klamotten an, was ich dabei habe, um dann den Schutz des Zeltes zu verlassen und in die Nacht hinauszutreten. Die Temperaturen sind weit unter dem Gefrierpunkt. Der Boden unter meinen Füßen ist gefroren und der Wind verbeißt sich in das bisschen noch unbedeckte Haut in meinem Gesicht. In das Pfeifen des Windes mischt sich das monotone Gebrabbel der Bergsteiger, die sich auch gerade für den Aufstieg vorbereiten und mit ihren Taschenlampen in den Zelten fahrig umher flackern. Diesem Schauspiel schaue ich ein paar Minuten teilnahmslos zu und atme tief die kühle, unverbrauchte Bergluft ein. Ich fühle mich nicht gut, muss immer wieder husten. Ertappe mich dabei, wie ich vor meinen Zelt nervös auf und ab laufe und immer wieder in die Dunkelheit starre. Immer wieder in die Richtung, in der der Gipfel, für mein Auge unsichtbar, durch die farblose Schwärze der Nacht verschluckt wird.

Aus Faulheit und weil ich meine Kräfte schonen möchte,

gehe ich nicht bis zum Klohäuschen, sondern nutze die Anonymität der Dunkelheit und pinkle direkt neben mein Zelt. Auf frischer Tat ertappt, stellt Gasper sich mit einem Grinsen dazu und tut es mir gleich. Vielleicht nicht die feine englische Art, aber der Situation irgendwie angemessen. Anschließend checkt er noch einmal im Licht der Taschenlampe akribisch meine Klamotten und wurstelt sich durch meine vier Schichten Bekleidung und all die Ausrüstung, die ich angezogen und eingepackt habe – so wie ich sonst immer am Samstagmorgen durch die Unmengen an Werbeprospekten und Broschüren wurstele, die den Weg im Briefkasten zur Post versperren. Offensichtlich will er ganz sicher sein, dass wir wirklich alles Nötige dabeihaben. Dass er mit mir nicht mitten in der Gipfeletappe und auf diesem unerbittlichen Weg hinauf zum Uhuru Peak in unangenehme, typisch vermeidbare Schwierigkeiten gerät. Schwierigkeiten, die alle auf schlampige oder überhastete Vorbereitung zurückzuführen sind und die mein Guide Gasper über die Jahre hinweg sicherlich allzu oft eine fette Sorgenfalte ins Gesicht gezaubert haben. Aber seinem aufmunternden Nicken und Zupfen an meinem Rucksack nach zu urteilen, ist bei mir alles in Ordnung. Ich bin in seinen Augen „well prepared“ und so ziehen wir uns noch einmal kurz zur finalen Besprechung in mein kleines, grünes Zelt zurück. Zusammen essen wir dort jeder noch drei trockene Kekse, nehmen jeder zwei starke Paracetamol und trinken einen originalen Kilimandscharo-Gipfeltag-Tee. Ein Tee, der so viel Zucker enthält, dass der Löffel fast ohne Probleme darin stehen kann.

Um kurz nach Mitternacht gehen wir drei los. Neben Gasper und mir ist die dritte Person Wilson. Wilson, einer meiner Träger, hat heute nur eine Aufgabe: Er soll meine Geburtstagstorte mit zum Gipfel tragen. Jawohl, eine Torte. Eine Geburtstagstorte, die mein Team bereits seit vier Tagen über diesen gottverdammten Berg schleppt. Die zusätzlich ausgehandelten 30 US-Dollar für Wilson dafür, dass er unplanmäßig mit an der Gipfelbesteigung teilnimmt, sind in meinen Augen gut investiert. Denn was gibt es schon cooleres, als seinen 30sten Geburtstag auf dem

Dach Afrikas zu feiern? Und das auch noch mit Torte. Aber das ist Zukunftsmusik, denn noch sind wir meilenweit vom Uhuru Peak und einer Geburtstagsparty entfernt. Noch spiele ich den Bergsteiger, der mitten in der Nacht zum Gipfel aufbricht und der neben seinem halbgefüllten Rucksack auch einen gehörigen Batzen Respekt den Berg hinaufschleppt.

Um uns herum ist es stockfinster, als wir drei die Zelte und den Rest von meinem Team hinter uns lassen, das hier im Barafu Camp bis zu unserer Rückkehr warten wird. Mein Blick reicht nur so weit, wie der Lichtkegel meiner Stirnlampe es erlaubt. Wenige Minuten später, nachdem wir das Klohäuschen passiert haben, reihen wir uns in ein Meer aus Lichtern ein, das sich unaufhaltsam wie eine leuchtende Schlange den Berg hinaufwindet. Reihen wir uns ein in ein Lichtermeer, das den Berg wie eine aufgefädelte Lichterkette am Weihnachtsbaum zum Funkeln bringt. Die ersten paar hundert Meter führen noch über mittelmäßig ansteigendes, relativ leicht begehbares Gelände, bis es so steil wird, dass wir uns nur noch in Schlangenlinien am Berg hocharbeiten können. Ich versuche immer direkt hinter Gasper zu sein. So dicht, dass ich ihm sogar einige Male in die Fersen trete. Ihm macht das anscheinend nichts aus, im Gegenteil, er achtet weiterhin akribisch auf den Abstand. So akribisch, dass er sogar darauf verzichtet, eine eigene Stirnlampe zu benutzen, um sofort an meinem Lichtkegel zu bemerken, wenn ich den Anschluss verliere. So im Gleichschritt kämpfe ich mich Meter um Meter weiter nach oben. Vor mir Gasper und hinter mir Wilson. Trotz der kühlen Temperaturen fange ich sehr schnell an zu schwitzen und muss den Reißverschluss der dicken Daunenjacke weit aufziehen. Ich habe das bedrückende Gefühl, das mich die Kleidung schrecklich einengt und dadurch die Luft zum Atmen nimmt. Aber in Wirklichkeit ist es nicht die Kleidung, sondern die immer dünner werdende Luft, die meinem Körper stark zu schaffen macht. Ich versuche, Energie zu sparen und ganz ruhig und tief weiter zu atmen. Denn damit, dass die viel besungene Akklimatisierung und ich auf dieser Tour keine echten Freunde mehr werden, habe ich mich an diesem Punkt meiner Reise längst abgefunden.

Nach etwa zwei Stunden treten wir aus der Lichterschlange heraus und machen kurz Rast an einem großen, u-förmigen Felsmassiv, das mit seinen schroffen und rauen Wänden geradezu zum gemütlichen Verweilen einlädt. Mit meinem Licht suche ich die unmittelbare Umgebung ab. Wo ich jetzt bin? Keine Ahnung. Nicht, dass ich es jemals innerhalb der letzten Tage wirklich gewusst hätte, aber jetzt tappe ich regelrecht im Dunkeln. Im Licht meiner Stirnlampe tauchen immer mehr Leute auf und gesellen sich zu uns. Die Nacht ist gespenstisch still. Keiner spricht. Nur das Schnaufen und Schniefen der Bergsteiger sowie das Klappern von Gepäck und Klackern der Wanderstöcke auf Stein ist zu hören. Und obwohl ich mich in dieser Nacht mit anderen Bergsteigern gemeinsam zwischen diese Felsen am Kibo zwänge, fühle ich mich isoliert. Ich habe den Eindruck, dass ich ganz und gar auf mich allein gestellt bin. Dass ich mich mit jeder Faser meines Körpers in einem Kampf befinde. Ein Kampf, nicht nur gegen den Berg, sondern in erster Linie gegen mich selbst. Ein Kampf, der heute Nacht seinen Höhepunkt finden könnte und bei dem mir kein anderer, weder mein Guide Gasper noch mein Träger Wilson, helfen kann. Denn hier und heute kommt es einzig und allein auf mich an. Garantiert niemand wird mich huckepack diese Serpentinen hochschleppen oder auf einer Sänfte bis auf den Gipfel hochschunkeln. Ich muss mich selbst quälen, muss jeden Schritt von mir selbst einfordern, muss für mein Gipfelfoto kämpfen oder meinem Traum vom Uhuru Peak heute endgültig den Rücken zukehren.

Ein Blick auf meine Armbanduhr verrät mir: zwei Uhr Ortszeit oder ein Uhr deutsche Zeit. Ganz nebenbei bin ich seit einer Stunde offiziell dreißig Jahre alt. So ist das halt mit der magischen 30: Manche gehen in den Keller zum Weinen, andere lassen sich von ihren Freunden zur Feier des Tages mit dämlichen Spielchen quälen und wieder andere klettern irgendwo in Afrika auf einen beknackten Berg. Augenscheinlich gehöre ich zur letzteren, leicht bekloppten Kategorie, die die ersten leichten Anflüge von Midlife-Crisis mit dem Nervenkitzel des Abenteuers zurückdrängt. Doch Geburtstag hin oder her, zum Feiern ist mir nicht zumute. Nicht jetzt. Ich will diesen blöden Berg bezwingen. Koste es, was es wolle!

Ich gehe weiter. Diese Pause war ohne Zweifel viel zu kurz. Mein Verständnis von einer Pause war bisher immer, dass diese zur Erholung dienen sollte. Also wie kann es dann bitteschön sein, dass der erste Schritt nach der Pause mühsamer ist, als es der letzte vor der Pause war? Sollte es sein, dass der Berg die Biologie ad absurdum führt oder bin ich einfach nur zu verweichlicht? So wundert es mich wenig, dass mein erster Gedanke, den ich zurück in der Leuchtschlange fasse, wieder der nächsten Pause und dem nächsten schroffen, wenig gastfreundlichen Stück Felsen gilt. Aber alles Jammern nützt nichts, ich muss so oder so weiter. Statt Gedanken an die nächste Sitzgelegenheit zu verschwenden, beobachte ich lieber, wie wenige hundert Höhenmeter über uns die Lichter der Stirnlampen, die immer wieder melodisch aufflackern, im Nichts verschwinden. Vielleicht schon der Gipfel? Wohl kaum. Eher fantasierendes Wunschdenken. Denn mindestens vier Stunden Aufstieg habe ich noch vor mir. Vier Stunden voller Qualen und wer weiß, was der Kilimandscharo noch alles für mich an Geburtstagsgeschenken bereithält. Also stapfe ich stupide weiter und frage mich ein ums andere Mal, ob meine ultraleichten La Sportiva Wanderstiefel gestern auch schon so unverschämt schwer waren.

Schlafmangel und die Belastungen der letzten Tage fordern jetzt ihren Tribut. Ich werde mittlerweile immer weiter nach hinten durchgereicht, wodurch die Lichterschlange hinter mir sehr schnell deutlich kürzer wird als die vor mir. Genauso muss sich Jan Ullrich gefühlt haben, als ihm Armstrong 2004 auf der 12. Etappe der Tour de France von Castelsarrasin nach La Mongie davongezogen ist. Aber mein Sportler-Ego packt mich und rüttelt mich aus meiner Lethargie wach. Die zweifelhafte Ehre der roten Laterne kann gern jemand anderes haben. Jeder, aber nicht ich. Also kneife ich die Arschbacken zusammen und erhöhe meine Schrittfrequenz für mich ins Unermessliche. Mit rasender Geschwindigkeit ziehe ich im Schneckentempo an einigen Leuten vorbei. Unter anderem Leute, die jetzt schon von ihren Guides am Rücken den Berg hochgeschoben werden. Ich spüre förmlich die Energie, den blinden Aktionismus und die lodernden Flammen in meiner Brust – keine zehn Minuten später ist es vorbei mit der Herrlichkeit. Die Akkus sind leer. Statt Aktionismus herrscht jetzt Zweckoptimismus und die lodernden Flammen taugen höchstens noch als Teelicht im Halloweenkürbis. Egal, Hauptsache es geht überhaupt voran. Mit gesenktem Blick stapfe ich Gasper weiter im militärischen Gleichschritt hinterher. Links, rechts, links, rechts. Das ist mein neuer Plan. Einfach alles ausblenden und stupide innerlich die Schritte zählen. Einfach nur von Schritt zu Schritt denken. Nicht mehr, aber auch nicht weniger. Ein echt guter Plan, bis ich plötzlich anfange zu torkeln und drohe, vom Trampelfpfad in die schwarze Nacht zu stürzen. Und obwohl ich schon im Dunkeln den Erlkönig leise rufen höre, schaffe ich es dennoch meinen rechten Wanderstock in das Geröll abseits des Pfades zu bohren und einen unsanften Aufprall zu verhindern. Ich schnaufe kurz durch. Gasper, dem dieser kurze Ausritt nicht unbemerkt geblieben ist, dreht sich langsam um zu mir. Im Licht der Stirnlampe beäugt er mich skeptisch und versichert sich mit einem „Daumen hoch", ob es mir gut geht. Also zeige ich ihm meinen in zwei Handschuhe eingepackten Daumen und recke ihn gequält enthusiastisch nach oben. Was auch sonst. Aufgeben? Lieber lasse ich mich vom Berg tragen, als heute auf halber Strecke aufzugeben. Komisch, dass ich in dieser Situation an eine Romanverfilmung von Joseph Martin Bauer mit dem prägnanten Titel „So weit die Füße tragen" denken muss – in dem sich die Hauptfigur, das arme Schwein Clemens Forell, unter lebensbedrohlichen Umständen durch die Weiten Sibiriens kämpft. Also gucken wir mal, wie weit mich meine Füße heute auf dem Kibo tragen. Dieser leichte Schwindel, der mich die letzten Stunden wie ein Geigenkonzert eines Fünftklässlers begleitet hat, wird von Minute zu Minute immer stärker, immer aufdringlicher. Er ist es auch, der für meinen beinahe Absturz verantwortlich war. Dabei ist es aber etwas ganz anderes, was mich nun beunruhigt. Etwas, was neu ist. Etwas, womit mich mein Körper die letzten Tage noch nicht konfrontiert hat: Sehstörungen. Überflüssige

Sehstörungen, die ich nur noch als Heranwachsender in regelmäßiger Unregelmäßigkeit nach Flatrate-Saufpartys mit Unmengen von gepanschten Mixgetränken kenne. Ein echt beschissenes Gefühl. Da ich aber ausschließen kann, dass ich heute zu tief ins Glas geguckt habe, bin ich einfach nur genervt. Schlimm genug, dass ich höllische Kopfschmerzen habe, es in meinen Ohren rauscht, mein Bauch wehtut, mir schwindlig ist und ich nach Luft ringe wie ein ertrinkender Fisch an Land. Nein, jetzt verschwimmt dem feinen Herrn auch noch das bisschen Bild, was er durch seine poplige Stirnlampe sieht. Herzlichen Dank. Dieser Säuferblick macht mich echt verrückt. Als besoffener Heranwachsender hatte ich wenigstens noch die beruhigende Gleichgültigkeit, die mir jetzt hier am Berg völlig verloren gegangen ist. Also stampfe ich weiter über die gefrorene Lavaasche und versuche irgendwie mit der Situation umzugehen. Da Not ja bekanntlich erfinderisch macht, finde ich bald eine erträgliche Lösung für den Säuferblick. Ich gucke einfach für einige Sekunden ins Dunkle. Dabei merke ich, wie sich meine Augen spürbar, wenn auch langsam entspannen und ich danach wieder für wenige Sekunden auf den Weg gucken kann. Zwar laufe ich jetzt Gefahr bei meinen regelmäßigen Blindflügen umzuknicken, abzurutschen oder gegen irgendetwas zu laufen, aber irgendwo muss man ja Abstriche machen. Links, rechts, links, rechts. Es ist kurz vor vier und ich habe Durst.

Immer häufiger kommen mir jetzt Bergsteiger entgegen, die bereits aufgegeben und ihren Abstieg zum Basislager angetreten haben. Aus deren Gesichtern neben Enttäuschung ebenfalls die Erleichterung spricht. Andere wiederum hocken oder sitzen irgendwo demotiviert rum, weil sie nicht mehr können oder wollen. Teilweise müssen sie sogar mit Sauerstoff von ihren Guides wieder aufgepäppelt werden. Aber auch bei mir werden die Pausenintervalle immer kürzer. Habe ich es anfangs noch geschafft eine bis eineinhalb Stunden durchzuhalten, hänge ich nun schon nach spätestens dreißig Minuten schlapp in den Seilen. So wie jetzt auch. Vielleicht hilft es, wenn ich etwas Flüssigkeit aufnehme. Nichts einfacher als das. Wozu schleppe ich schließlich drei Liter Wasser mit mir rum. Also sauge ich am Mundstück meines Trinkschlauches wie ein junges Kalb an der Zitze einer Kuh. Leider ohne Erfolg. Entweder ist die Milchbar leergesoffen oder die Zitze meines Trinksystems ist eingefroren. Eine Inspektion mit der Stirnlampe soll Gewissheit bringen. Und tatsächlich: der außenverlaufende Schlauch meiner Trinkblase ist nur noch ein Eis am Stiel. Ausgerechnet dieser dumme Trinkschlauch. War ich doch sogar ein Tag vor meiner Abreise noch in einigen Fachgeschäften, um mir eine Isolierung für den Schlauch und das Mundstück zu besorgen. Aber Pustekuchen. Nirgends war so etwas in der Kürze der Zeit aufzutreiben. Mit einem Schulterzucken habe ich damals noch beim Outdoorspezialisten gestanden und zu mir gesagt: „Mut zur Lücke, Stefan. Was kann da schon passieren." – Ja, Stefan, genau das kann passieren! Das Ding kann einfrieren und jetzt hast du den Schlamassel! Zum Glück habe ich noch einen halben Liter original Kilimandscharo-Gipfeltee in meinem Rucksack. Hastig trinke ich zwei Tassen aus dem Deckel der Thermoskanne und genieße es, wie der lauwarme Zuckertee sich in meinem Bauch verteilt. Von meinem Oatsnack-Energieriegel kann ich das leider nicht behaupten, denn dieser erste Bissen rastet fast fünf Minuten in meinem Mund. Beim Versuch ihn runterzuschlucken, bleibt dieser mir auf halber Höhe in der Speiseröhre stecken und lässt sich nur mit einem weiteren Schluck Tee dazu überreden, den Weg in Richtung Magen fortzusetzen. Und obwohl ich mich gewissenhaft zwinge, habe ich jetzt große Schwierigkeiten, feste Nahrung aufzunehmen. Wie so oft in den letzten Tagen geht wieder nichts runter. Dazu kommt noch, dass mir das Wasserlassen gegenwärtig große Schwierigkeiten bereitet. So sehr ich mich auch bemühe, ich kann einfach nicht pinkeln. Da ist es auch wenig hilfreich, dass Gasper und Wilson zwei Meter hinter mir sitzen und mich alle drei Sekunden über den Fortschrittsgrad meines Unterfangens aushorchen. Während sie das tun, werfen sie mit der Taschenlampe einen Lichtkegel auf den Boden direkt vor mir. Vielleicht denken sie ja, es ist wichtig für mich zu sehen, welches Fleckchen Kilimandscharo ich gerade markiere. Aber auf alle Fälle ist das nicht gerade hilfreich von ihnen. Selbst die größte Pionierblase streicht dabei die Segel und Mann fühlt sich wie auf dem WC einer schäbigen Bar, in der drei ausgewachsene Männer Schulter an Schulter am Pissbecken stehen. Also melde ich höflichst keinen Vollzug und schwanke weiter bergauf.

Links, rechts, links, rechts. Es ist 5:30 Uhr und der Gipfel ist noch nicht in Sicht, mein Tee ist aufgebraucht und ich habe schrecklichen Durst. Meine Symptome haben sich weiter verschlimmert. Wie in Trance gehe ich mit rundem Rücken und gesenktem Kopf Meter um Meter über einen steinigen Lavaweg. Mein Kopf ist fast gedankenleer und ich habe den Eindruck, dass mein Körper die Führung übernommen hat. Den Plan, um sechs bei Sonnenaufgang am Uhuru Peak zu stehen, habe ich längst über den Haufen geworfen. Über den Daumen gepeilt, müssten wir unserem Zeitplan jetzt schon über eine Stunde hinterherhecheln.

Mit mir zusammen hat sich mittlerweile eine eiserne Dreiergruppe herauskristallisiert. Die anderen beiden, ein Mann und eine Frau mittleren Alters, gehören zu einer weiteren Gruppe, die es sich zum Ziel gesetzt hat, heute den Gipfel zu erstürmen. Genau wie bei mir, hat sich das Erstürmen bei den beiden anscheinend auch sehr schnell erledigt. Vielmehr kriechen wir jetzt einsam gemeinsam den Berg hinauf. Im Rhythmus ihrer Schritte geht von den beiden ein regelrechtes Schnaufkonzert aus und bildet den optimalen Rahmen für die langsam beginnende Morgendämmerung. Er und sie, wahrscheinlich ein Pärchen, mit deutlich ein paar Kilo zu viel auf den Rippen, was sich gut an den Hosen erkennen lässt, die sich um die voluminösen Oberschenkel und den Hintern aufspannen, und ich, ein „gut austrainierter" Sportler. Zugegeben, mein Körper hat in den letzten Tagen ziemlich Federn lassen müssen und die durch die dünne Höhenluft verursachte Höhenkrankheit hat sich als ein echtes Problem erwiesen. Aber von zwei mutmaßlichen Schreibtischakrobaten, für die es schon unter die Kategorie „Sport" fällt den Hund um den Block führen, möchte ich mich sicherlich nicht abhängen lassen. Es geht also im Wettkampfmodus weiter. Auch dank meines Egos. Und obwohl mir dieses schon oft im Leben im Weg gestanden hat, erweist es sich erneut auf dieser Bergbesteigung als starker und anscheinend unerschöpflicher

Antriebsmotor: ein Perpetuum mobile des eigenen Geistes.

Es ist unterdessen irgendwas zwischen halb sieben und sieben. Die genaue Uhrzeit interessiert mich nicht mehr. Mein Zeitgefühl ist mir zwar längst abhandengekommen, aber ich befinde mich immer noch im Aufstieg. Die bereits aufgegangene Sonne taucht den Himmel in ein strahlendes Blau und die darunter liegende Wolkendecke in ein sattes Orange. Meine leicht adipösen Begleiter habe ich hinter mir gelassen. Kein Grund zur Freude, denn ich fühle mich so beschissen wie niemals zuvor. Dabei frage ich mich, wie oft auf dieser Tour ich mich noch so schlecht wie jemals zuvor fühlen soll. Wie schlimm dieser Trip, den ich Vollidiot leicht arrogant als laue Wanderung eingeschätzt hatte, eigentlich noch werden kann.

Bereits seit etwa einer geschlagenen halben Stunde, vielleicht auch einer ganzen, mühe ich mich auf einem steilen, fast gerade verlaufenden Weg durch ein Lavafeld ab. Bei jedem Schritt nach vorn rutsche ich in der tiefen Lavaerde wieder einen halben zurück. Ganz wie Sisyphos. Meine Kräfte schwinden dabei immer mehr und ein Ende des Feldes ist nicht in Sicht. Der Wunsch, mich einfach nur in die weiche Erde zu knien, die Augen zu schließen und ein paar Minütchen zu schlafen, wird übermächtig. Warum auch nicht. Plötzlich und völlig unerwartet taucht von mir links im Augenwinkel ein großes hölzernes Kreuz auf und schiebt sich langsam an mir vorbei. Augenblicklich bleibe ich stehen. Habe ich jetzt etwa endgültig den Verstand verloren? Halluziniere ich? Könnte mich mal jemand zwicken? Nein, ich bin zwar völlig im A..., aber dieses Ding ist tatsächlich ein drei Meter langes und zwei Meter breites Holzkreuz. Und für die drei Gestalten, die das Kreuz den Berg hochschleppen, hat die Redewendung „Jeder hat sein Kreuz zu tragen“ eine ganz besondere Bedeutung. Warum machen die das? Keine Ahnung. Auffällig ist nur, dass die drei damit genau am letzten Tag vom Ramadan ankommen. Vielleicht soll es aber auch zukünftig als Gipfelkreuz auf Afrikas höchstem Punkt aufgestellt werden. Ist auch eigentlich völlig egal. Wenn die drei Gestalten hier sogar ein schweres Kreuz den Berg hochtragen, dann werde ich mich bestimmt nicht wie ein Weichei in den Dreck legen. Dann hefte ich mich stattdessen direkt an deren Fersen, steige wie Phoenix aus der Kilimandscharo-Asche und erklimme zusammen mit dem Holzkreuz den Gipfel. Vier Meter kann ich mithalten, dann pumpt meine Lunge wie nach einem 100-Meter-Sprint und ich muss kurz pausieren. Fünf weitere Minuten später sind die Kreuzträger samt Holzkreuz hinter der nächsten Kuppe verschwunden und ich wieder mit Gasper und Wilson allein auf weiter Flur. Im Gegensatz zu mir sehen die beiden noch ziemlich frisch aus und trotten aufgrund der vielen unfreiwilligen Pausen meinerseits mehr als unmotiviert hinter mir her. Gern würde ich mal einen Blick in die Gedanken der dunkelbraunen und mit Wolle umhüllten Köpfe werfen. Bestimmt herrscht dort neben Langeweile auch die Angst vor, den großen, schweren Deutschen vom Berg tragen zu müssen. Möglicherweise, nein sogar wahrscheinlich, auch ein Grund, warum Gasper unbedingt wollte, dass Wilson mitkommt. Nicht primär anlässlich der Torte, sondern vielmehr wegen meiner fast hundert Kilo Gewicht, die den schmächtigen Gasper wie eine Ziehharmonika zusammendrücken würden. Aber noch ist es nicht soweit. Noch bewege ich mich. Nicht schnell, aber immerhin in Bewegung.

Mitten im nicht enden wollenden Aufstieg durch das Lavafeld keimt sofort unbändige Hoffnung auf, als mir von oben auf der Kuppe, hinter der gerade noch das ramadansche Kreuz verschwunden ist, einige Bergsteiger entgegenkommen. Fröhlich und im Rausch der Endorphine kommen sie mit einem Lächeln auf den Lippen auf mich zu. Gezwungen versuche ich, meine bleiernen Mundwinkel hochzuziehen und quäle mir auch ein Lächeln ab. Ein Lächeln, das durch die Kälte eher als Kinderschreck an Halloween zu gebrauchen wäre. Es fallen die typischen aufmunternden Worte: dass „es ja gar nicht mehr so weit ist“ und ich „es eigentlich schon geschafft hätte...“. Dass „es nur noch zehn Minuten sind“ und und und. Diese sinnlosen Floskeln sind zweifellos alle gut gemeint und bestimmt motiviert mich das auch auf irgendeine Weise, aber gerade geht mir das Gequatsche nur auf die Nerven. Eine Dame der Abstiegsgruppe meint sogar, dass ich das Licht der Stirnlampe ausmachen könne, weil es jetzt schon hell ist. Es lag noch nicht mal ein arroganter oder ironischer Unterton in ihrer Stimme. Und rein objektiv hatte sie sogar Recht. Aber trotzdem, für diesen dummen und völlig überflüssigen Spruch würde ich der blöden Schnalle am liebsten meinen Trekkingstock hinterherwerfen und ihr nachschreien: „Ich krieche hier auf dem letzten Zahnfleisch, du Pute! Was schert mich denn da, ob die dämliche Lampe leuchtet!“ Aber diese Mühe und Energie spare ich mir lieber. Und so beschließe ich erst mal die Komikertruppe links liegen zu lassen und zu testen, was denn an der verlockenden zehn-Minuten-Gipfelaussage dran ist. Nur zehn Minuten, das muss doch noch möglich sein. Zehn Minuten bis zum Gipfel. Nur zehn.

Nach zwanzig Minuten bin ich nur noch wenige Meter von der Kuppe entfernt. Wenige Meter bis zum ersehnten Gipfel. Wenige Meter bis zum Uhuru Peak. Ich kann sogar schon mehrere Leute auf der Kuppe rumlaufen sehen. Hier und da werden Bilder geschossen. Nur noch die paar Meter bis zur Kuppe und dann links dem Weg folgend. Dort muss irgendwo das Gipfelschild stehen, das ich auf Fotos im Internet gesehen habe und bei dem ich mir in den letzten Tagen so oft vorgestellt habe, davorzustehen. Kurz nach sieben Uhr und ich mobilisiere noch mal die letzten Kräfte. Setze alles auf eine Karte, um endlich mein Ziel zu erreichen. Völlig erschöpft habe ich es dann endlich geschafft. Überglücklich stehe ich vor dem Blechschild mit der Aufschrift: CONGRATULATIONS! YOU ARE NOW AT STELLA POINT. 5.739 M ASML. Mir wird blitzschnell schlecht. Ist der Berg nicht 5.895 Meter hoch? Heißt das Ding nicht Uhuru Peak? Und was zum Teufel ist der Stella Point? – Nicht der Gipfel. – Die Erkenntnis trifft mich wie ein Schlag ins Genick. Mir ist richtig übel. Mir ist schwindelig. In meinen Ohren rauscht es ununterbrochen. Ein tinitusartiges Piepen durchdringt meinen Schädel wie Nadelstiche. Der Anblick des Schildes widert mich an. Ich muss hier weg. Sofort weg. Bloß weg. Jetzt. Gedankenverloren stolpere ich ziellos über das kleine Plateau, bis ich links des Metallschildes eine Felsnische mit Sitzmöglichkeit entdecke. Zielgenau und mit Tunnelblick steuere ich darauf zu. Rempele durch eine Gruppe von Bergsteigern und stoße diese unsanft mit der Schulter zur Seite. Hinter meinem Rücken höre ich sie noch etwas Unverständliches brabbeln. Kurze Zeit später knallt mein Körper lautstark auf ein altes Holzbrett das zwischen zwei Felsen eingelassen ist. Gasper eilt mir nach.

Gasper ist sich dem Ernst der Lage anscheinend bewusst. Zitternd sitze ich zusammengesunken auf der Bank. Währenddessen fummelt er in meinem Rucksack rum und versucht noch etwas halbgefrorenes Wasser aus der Trinkblase zu quetschen. Alles erscheint wie in Zeitlupe. Vor meinen Augen verschwimmen die Konturen immer mehr und überall schweben schwarze Punkte durch mein Blickfeld. Um mich herum nehme ich nichts mehr wahr – nur noch Gasper, der vor mir kniet und das letzte brauchbare Wasser in die Tasse meiner Thermoskanne füllt. Er schaut mich dabei an und spricht mit mir. Ich verstehe kein Wort von dem, was er sagt. Zu übermächtig sind das Rauschen in meinen Ohren und das Piepen in meinem Kopf. In mir herrscht völlige Resignation. Resignation nicht nur wegen der körperlichen Schmerzen, die meinen Körper jetzt mehr peinigen als je zuvor. Vielmehr sind es die mentalen Schmerzen, die viel schwerer wiegen als alle körperlichen es jemals könnten. Ich habe alles gegeben. Habe mich die letzten Stunden, die letzten Tage so oft gequält. Stand so oft an dem Punkt, an dem es scheinbar nicht weiterging und trotzdem habe ich es immer wieder geschafft. Habe mich aufgerafft nach jedem Hieb, den mir dieser scheiß Berg versetzt hat. Bin so oft stehend k. o. gewesen, aber niemals umgefallen. Und wozu? Dafür, dass ich eine hässliche grüne Blechtafel mit der Aufschrift Stella Point gesehen habe? Und das genau an dem Punkt, wo ich mich endlich am Ende dieses Martyriums hoffte. Nein, dieser Anblick der Tafel sitzt wie ein tiefer Splitter in meinem Herzen. Lastet tonnenschwer auf meiner Brust. Eine Last, die meinen Hintern gerade mit voller Wucht auf das Holzbrett drückt. Eine Last, die meinen Rücken an die kalte Felswand presst. Niemals zuvor in meinen dreißig Jahren auf dieser Erde war ich physisch und psychisch so am Ende. Nichts weiter als ein zusammengesunkenes

Häufchen Elend, 156 Höhenmeter unter dem Gipfel. Demotiviert möchte ich nur noch meine Ruhe haben. Ich bin unendlich müde und schließe die Augen. Nur für ein paar Sekunden Schlaf, sage ich zu mir. Nur kurz die Augen ausruhen und neue Kraft schöpfen… aber ich weiß in diesem Moment, dass ich lüge.

Gasper rüttelt sehr grob an meiner Schulter und führt mir die Tasse an den Mund. Hastig schlucke ich das ganze Wasser runter. Herrlich. Es tut gut, mal nach über zwei Stunden wieder etwas Flüssigkeit in meinen trockenen Mund zu bekommen. Kaum habe ich die Tasse abgesetzt, hält er mir einen halben Energieriegel unter die Nase und gestikuliert, dass ich das Ding sofort aufessen soll. Und in unser beider Interesse will ich ihm diesen Gefallen auch tun. Während ich noch langsam auf dem faden und trockenen Riegel herumkaue, fällt mir erst auf, wie ruhig und souverän mein Guide mit der Situation umgeht. Anscheinend habe ich in Gasper einen kompetenten Bergführer gefunden, der auch bei brenzligen Situationen nicht die Kontrolle verliert. Sollte er auch nicht, denn wenn ich der Aussage von Gasper glauben darf, war er schon über sechzig Mal auf dem Kilimandscharo. Eine stolze Leistung, wie ich finde. Und die ruhige Art von ihm überträgt sich jetzt auch langsam auf mich. Meine stakkatoartige Atemfrequenz nimmt wieder etwas ab und das Rauschen in meinen Ohren pegelt sich auf ein erträgliches Maß ein.

Während ich Gasper weiter beobachte, wie er mich beobachtet, schlucke ich den ersten Bissen des Riegels runter. Dann den Zweiten. Dann einen Dritten. Der dritte Bissen muss irgendwie schlecht gewesen sein, denn mein Bauch krampft sich zusammen. Krampft so stark, dass mir der stechende Schmerz durch den ganzen Körper fährt. Und bevor ich mich versehe, steigt mir ein Gemisch aus Magensaft, Wasser und unverdautem Riegel die Speiseröhre hinauf, um sich dann anschließend lautstark den Weg in die Freiheit zu suchen. Der erste Schwall Kotze ergießt sich direkt über meine Hände, Wanderstiefel und Hose. Ganz instinktiv stehe ich sofort auf, als ich wieder mit Würgen anfangen muss. Mein Bauch krampft so ekelhaft stark, dass ich mich vornübergebeugt an einem Felsen festhalten muss. Der nächste Schwall trifft den Felsen und spritzt davon zurück. Gasper ist gleich an meiner Seite, um mich an der Schulter zu stützen. Mit der anderen Hand schlägt er mir leicht auf den Rücken, ähnlich wie bei einem Kleinkind, was sich verschluckt hat. Anschließend würge ich noch ein paar Mal, bis auch wirklich der letzte Rest von meinem Mageninhalt an diesem Freitagmorgen am Stella Point verteilt ist und Gasper mich zurück auf dieses alte schäbige Brett leitet.

Was für ein unappetitlicher Anblick muss das für die anderen Bergsteiger sein. Das, was sich seit einigen Minuten hier abspielt, ist sicherlich niemanden auf dem Plateau entgangen. Aber ich nehme gerade eh nicht viel wahr. Nehme nicht mal wahr, was zwei Meter von mir entfernt passiert. Also auch nicht die mitleidigen und irritierten Blicke der anderen. Und das ist auch gut so. Ich würde mich ja selbst nicht ansehen wollen, wenn ich einer von ihnen wäre. Aber wahrscheinlich würde ich es trotzdem machen. Da verhält es sich wie mit einem schweren Verkehrsunfall. Du willst zwar nicht hinsehen, aber die Neugierde zwingt dich dazu. Zwingt dich dazu, diesen großen, kräftigen Typen mit roter Daunenjacke auf seinem Holzbrettchen zu beobachten. Zu beäugen, wie er mit kotzeverschmierten Klamotten und kotzeverschmiertem Gesicht zusammengesunken dahockt. Wie ihm noch Rotze aus der Nase läuft und Tränen vom Würgen in den Augen stehen. Genau das abschreckende und schockierende Fotomotiv, was du deinen Freunden und Bekannten gern mitbringen möchtest. Aber du lässt die Kamera stecken. Anstand und Ehrgefühl gebieten es dir.

Kotze. Überall Kotze. Das sind die ersten Gedanken, die ich fassen kann, als ich mich wieder beruhige. Ich zittere am ganzen Körper und in meinem Schädel hämmert es unerträglich laut wie die Kolben einer alten Diesellok. Gleichgültig bewundere ich das Muster von meinem feinsäuberlich verteilten Mageninhalt auf der geborgten Skihose und den fast eingelaufenen Wanderstiefeln. Und mit einem verbissenen Grinsen auf den Lippen beschließe ich, dass es Zeit ist, meine Checkliste für Höhenkrankheit erneut durchzugehen.

- Kopfschmerzen: Ja
- Unbehagen: Ja
- Schwindelanfälle: Ja
- Schlaflosigkeit: Ja
- Übelkeit: Ja
- Appetitlosigkeit: Ja
- Erbrechen: Ja
- Gehbeschwerden: Ja
- Koordinationsschwierigkeiten: Ja
- Benommenheit: Ja
- trockener Husten: Nein (bin aber eh erkältet)

Ok, zehn von elf. Der absolute Tiefpunkt. Ich fühle mich hilflos. Hilflos und verletzlich wie ein Neugeborenes. Ist es das jetzt? Ist das die Rechnung, weil ich nicht die Macht und Kraft hatte der unheimlichen Anziehungskraft des Gipfels zu widerstehen? Endet mein Abenteuer hier und heute so glanzlos? Der Wind pfeift über die Kuppe und wirbelt Staub auf. Und zum ersten Mal spüre ich die Kälte an diesem Morgen. Spüre die minus fünfzehn Grad wie Stiche an den Händen. Nehme meine Umgebung aktiv wahr. Beobachte Bergsteiger, wie sie glücklich und mit stolzgeschwellter Brust Erinnerungsfotos für zu Hause schießen. Sehe die schneebedeckten Hänge auf schwarzer Lavaerde. Sehe die Sonne, wie sie majestätisch über mir thront und ungehindert auf mich runter scheint. Sehe den weißen Wolkenteppich unter mir, der wie Grönlands unendliche Eiswüste den Horizont berührt. Nur genießen kann ich das alles nicht. Und werde es wahrscheinlich auch niemals wieder können.
In dieser Extremsituation werde ich auf einmal ziemlich sentimental. Ich muss an meine Familie denken, die zu Hause in Deutschland auf mich wartet und nicht weiß, ob es mir im fernen Afrika gut geht. Muss an meine Freunde denken, die ziemlich skeptisch auf mein Spontanabenteuer reagiert haben und mir trotzdem die Daumen drücken. Muss aber auch an all diejenigen Zweifler denken, die mich belächelt haben und mir frei ins Gesicht gesagt haben, dass ich es sowieso nicht auf den Gipfel

schaffen werde. Dass es unmöglich ist, so spontan, ohne jede Vorerfahrung und zudem noch mit Muskelverletzung. Und jetzt sitze ich hier. Jetzt haben diese Arschlöcher etwa recht? Das kann nicht sein. Das darf nicht sein. Diese Genugtuung gönne ich diesen bonierten Berufspessimisten nicht. Niemals! Das Ganze macht mich unglaublich wütend. So wütend, dass ich meine Zähne fest aufeinanderpresse und mir dabei fast die Unterlippe aufbeiße. Ich steigere mich immer weiter in meine Wut rein. In Wut gegen diese Arschlöcher, den Berg, aber auch in Wut gegen mich selbst. Gegen diese Arschlöcher, weil sie einfach nur sie sind. Gegen mich selbst, weil ich es scheinbar nicht schaffe, diesen popligen Berg zu bezwingen. Weil ich es nicht schaffe, mich selbst zu bezwingen. Gegen den Berg, weil dieser verdammte Kilimandscharo, der übersetzt „Berg des bösen Geistes" heißt, mich und meinen zerbrechlichen Hals so unermesslich fest im Griff hat. Dass er mich seit Tagen unentwegt peinigt. Dass er mit jedem Meter, den ich weiter aufgestiegen bin, seinen Griff wie eine Schlinge immer kräftiger zugezogen hat. So stark, dass ich mich jetzt nicht mehr bewegen kann und wehrlos, stehend k. o., dabei hilflos zugucke, wie er zum finalen Schlag ausholt. Und während ich mich diesen sinnlosen und trostlosen Gedanken hingebe, nehme ich leise wie von Weitem meinen Guide Gasper wahr, der auf mich einredet. Dessen Stimme ähnlich dem Motorengeräusch eines näherkommenden Autos immer lauter, immer deutlicher wird. Mit seinem bröckelnden und rudimentären Englisch appelliert er gebetsmühlenartig ruhig, aber bestimmt an mich: „Get up, my friend! If not, we have to carry you down from the mountain. You can do it. Pole, Pole – Slowly!" Ja, verdammt nochmal, sage ich zu mir, dieser kleine, schmalschulterige Afrikaner hat Recht. Du bist nicht nach Tansania gereist, um dann an deinem 30sten Geburtstag nur 156 Höhenmeter unter dem Gipfel aufzugeben. Jetzt kannst du dir beweisen, aus welchem Holz du wirklich geschnitzt bist. Koste es, was es wolle. Stefan, heute ist dein Tag! Niemals könntest du damit leben, jetzt, so knapp vor dem Ziel, aufzugeben. Niemals mit der Ungewissheit, ob du es doch noch geschafft hättest. Ob du wirklich alles Mögliche für dein Ziel gegeben hast. Niemals mit den rechthaberischen Blicken dieser pessimistischen Arschlöcher. Und es wäre doch gelacht, wenn ich diesem „bösen Geist", diesem Kilimandscharo, nicht kräftig in seinen fetten, steinigen Arsch treten kann. Andere vor mir konnten das auch. Wenn diese Pfeifen das konnten, dann ich erst recht. Ich muss das einfach schaffen! Das bin ich mir selbst schuldig! Also wische ich mir die Melange aus Kotze und Rotze vom Gesicht und greife meine Trekking-Stöcke, um sie dann vehement mit der Eisenspitze voraus in den Boden zu rammen. Beim Aufrichten beginnen die Stöcke unter meinem Gewicht zu ächzen und ich schaue den nicht enden wollenden und eisflankierten Geröllweg Richtung Uhuru Peak hinauf, bevor ich meinen unbestimmten Weg zum ersehnten Gipfel mit einem ersten, quälenden Schritt fortsetze. Pole, Pole. Links, rechts.

Ich bin jetzt wie im Tunnel. Bin wie in Trance, als ich mühsam einen Fuß vor den anderen setze. Jetzt zählt es. Alles oder nichts. Das Ziel erreichen oder einfach auf den mit Lavaasche bedeckten Boden stürzen und liegen bleiben. Beides ist möglich. Doch eines ist Fakt: ich drehe mich nicht mehr um. Bleibe nicht auch nur für eine Sekunde stehen, um durchzuatmen. Senke auch nicht nur für eine Sekunde meinen Blick, sondern nagele meinen Blick ganz fest an den Horizont. Denn irgendwo dort muss der Gipfel sein. Irgendwo am Ende dieses langen und leicht ansteigenden Kamms. Irgendwo hinter dieser Felsformation, die mir die Sicht versperrt und sich zwischen mir und den Gipfel stellt.

Nach einer halben Stunde, die mir wie eine Ewigkeit vorkommt, sehe ich beim Passieren der Felsformation in der Ferne die Gipfeltafel. Vielleicht noch 300 Meter. So froh ein Stück Blech zu sehen, war ich noch nie im Leben. Das Ziel so nah, so greifbar nah, schöpfe ich neue Motivation und Energie. Fokussiere mich nur noch auf dieses Schild. Versuche das letzte bisschen Energie aus meinem Körper zu quetschen und so viel Sauerstoff wie möglich aufzusaugen. Hole ganz tief Luft. Ganz so wie die Typen in den Dokumentationen über Extrembergsteigen, die ich bisher immer nur müde belächelt habe, weil ich das „theatralische" Luftholen nur für schlecht inszenierte Show hielt. Hier ist es Realität. Laufe vorbei an einem Asiaten, der mit weit aufgerissenem Mund auf dem Geröllweg kniet.

Fünfzehn Minuten später stehe ich davor. Und nach acht horrorhaften Stunden im Aufstieg schaue ich auf das Schild, bis zu dem mich mein Ehrgeiz getrieben hat und auf dem in zuckersüßen Lettern geschrieben steht: CONGRATULATIONS! YOU ARE NOW AT UHURU PEAK. 5.895 M AMSL. TANZANIA. AFRICA`S HIGHEST POINT. – Ja, Afrikas höchster Punkt. – Doch mehr als einen kurzen Blick kann ich nicht erhaschen. Dann geben meine schlotternden Beine nach und ich breche auf einem Stein links des Gipfelschildes zusammen. Breche körperlich und emotional zusammen. In mir herrscht das völlige Gefühlschaos. Ich schlage die Hände vor das Gesicht und weine. Weine wie ein kleines Kind einfach drauflos. Große Tränen rinnen mir aus den Augen, tropfen von meiner Nasenspitze auf den Boden oder sammeln sich in den Gläsern meiner Sonnenbrille. Alles – die ganze psychische Anspannung der letzten Tage und Stunden – fällt wie eine tonnenschwere Last von meinen Schultern. Die ganzen körperlichen Strapazen und Entbehrungen, einfach alles, was mich belastet hat, wird mit diesen Tränen aus meinen Körper gespült. Ein unglaublich befreiendes Gefühl, das sich mit totaler Erschöpfung, Stolz und Freude vermischt. Der unendlichen Freude, mein Ziel erreicht zu haben. Dem Stolz auf die eigene Leistung, mich selbst und den „Berg des bösen Geistes" bezwungen zu haben. Dem Wissen, dass man mir diesen Moment nie wieder nehmen kann.

Gasper und Wilson geben mir einige Minuten Zeit, die ich auch dringend benötige, um mich wieder zu fangen und mit dieser Situation einigermaßen klarzukommen. Sie schotten mich auch hermetisch vor anderen Guides und Bergsteigern ab, die sich an diesem sonnigen Freitagmorgen scheinbar ernsthaft um mich sorgen. Wer möchte es den anderen Guides und Bergsteigern auch verdenken. Ein solch jämmerliches Häufchen Mensch kann einem schon die eine oder andere Sorgenfalte ins Gesicht zeichnen. Aber mir geht es gut, denn die Endorphine rauschen durch meine Blutbahnen, strömen bis in jede Pore meines Körpers und geben mir neuen Auftrieb.

Mein Guide Gasper, seines Zeichens Motivator und Hobbypsychologe, hilft mir wieder auf die Beine und geleitet mich zur Gipfeltafel. Erst jetzt fällt mir auf, wie viele Leute sich wirklich mit mir an diesem Morgen auf dem Gipfel eingefunden haben. Fünfzehn sind es bestimmt. Die einen sehen mehr, die anderen weniger fit aus. Aber alle vereint ein glücklicher Gesichtsausdruck, der in die Welt hinausschreit: „Seht her, ich habe es geschafft. Ich bin Afrika aufs Dach geklettert und nichts oder niemand konnte mich davon abhalten." Genauso oder so ähnlich, wahrscheinlich eher so ähnlich, ist auch mein Gesichtsausdruck, als ich mit Gasper vor dem Gipfelschild Aufstellung nehme. Es ist Freitagmorgen, acht Uhr. Mein dreißigster Geburtstag. Zu meinen Füßen liegt das große hölzerne Kreuz. Das Kreuz, das die Gestalten hier rauf geschleppt haben und das gerade zum beliebten Fotomotiv mit anderen Bergsteigern mutiert. Und dahinter stehe ich mit Gasper, bereit, eines der schönsten Fotos meines bisherigen Lebens von mir schießen zu lassen. Dumm nur, dass der einheimische Guide, dem ich mein Smartphone zum Knipsen gegeben habe, partout nicht damit zurechtkommt. Nach einem kleinen Exkurs in die Technik des 21. Jahrhunderts ist dieses Problemchen dann schnell behoben. Und in heroischer Pose können Gasper und ich uns stolz wie Bolle für die Nachwelt in Szene setzen. Bing! Bing! Es gibt ein Foto mit Gasper und mir in Siegerpose. Eines von mir allein und eines mit mir und der Fahne meines Heimatortes. Eine Fahne, die ich eigens für diesen Moment zwei Wochen, sicher im Rucksack verpackt, durch ganz Afrika und bis auf diesen Berg geschleppt habe. Eine Fahne, die jetzt hier lässig im Wind flattert und stellvertretend für meine Familie steht. Also, nicht nur ein einfaches Fähnchen, sondern vielmehr ein starkes Symbol für jene Menschen, die mir im Leben lieb sind und die mir in den letzten, schwierigen Tagen und Stunden immer wieder Kraft gegeben haben: die Kraft niemals aufzugeben.

Mitten ins Bing! stolpert Wilson mit meiner Geburtstagstorte, die er mir den ganzen Weg vom Barafu Camp bis auf den

Gipfel getragen hat. Er übergibt die Torte an Gasper, der den anderen Guides anscheinend gerade verklickert, dass heute mein Geburtstag ist. Nachdem das ausgesprochen ist, gibt es für die Meute am Uhuru Peak kein Halten mehr. Und aus den Kehlen der Guides erklingt die tansanische A-cappella-Version eines Geburtstagsliedes gepaart mit traditionellem Tanz und begleitet von rhythmischem Händeklatschen. Und auch die Bergsteiger anderer Touren lassen sich nicht lumpen und geben ihre Geburtstagshymnen zum Besten. Deutsche und englische Liedfetzen geben sich dabei die Klinke in die Hand und es hört sich an wie: „Happy Birthday to du!“ und „How alt are you jetzt?“ Eine bunte mehrsprachige Komposition aus Suaheli, Deutsch und Englisch erschüttert an diesem Morgen das Dach Afrikas und breitet sich unaufhaltsam in alle Himmelsrichtungen aus. Und wäre dieser Vulkan noch hochaktiv, dieses Geburtstagsständchen hätte ihn sicherlich zur Eruption gebracht. Ist er aber nicht, sondern frönt weiterhin seinem Dornröschenschlaf. Und das ist auch gut so. Denn nur deshalb kann es für mich eine große Ehre sein, dass hier am Uhuru Peak und heute an meinem Geburtstag völlig fremde Menschen mit mir zusammen feiern. Und das an einem so wichtigen, einzigartigen Tag für mich, eingemeißelt in meine Erinnerung für die Ewigkeit. Noch während das Ständchen im Gange ist, schneidet Gasper das Törtchen an. Törtchen ist gut, vielmehr ist das ein halbgefrorenes und esstellergroßes Kalorienmonster mit einem ein zentimeterdicken Zuckerguss. Köstlich anzusehen und genau das richtige für eine Geburtstagsparty am Kilimandscharo. Kaum habe ich das gedacht, schiebt mir Gasper schon die Gabel mit einem großen Stück in den Mund. Dann ein Zweites. Und bevor ich richtig kauen und schlucken kann, werde ich auch schon mit einem dritten Stück gefüttert. Grausam, denn jetzt erst bemerke ich, dass die Torte staubtrocken ist. Sie saugt das letzte bisschen Speichel wie ein Schwamm auf und verwandelt somit meinen eh schon dehydrierten Mund in eine Kuchenwüste. Dabei zieht sich mein Mund zusammen und ich schiebe die drei großen Stücken Torte von einer Ecke im Mund in die andere, immer auf der verzweifelten Suche nach einem letzten Tropfen Speichel, mit dem ich irgendwie den Kuchenbrei runterspülen kann. Selbst mit einer Zitrone im Mund hätte ich sicher nicht viel anders ausgesehen. Als Gasper sich übermütig anschickt nachzulegen, muss ich mich retten. Mit einer freimütigen und zugegebenermaßen berechnenden Geste gebe ich den Kuchen für die Allgemeinheit frei. Glück gehabt. Denn das lässt Gasper sich nicht zweimal sagen und wir beide bekommen was wir wollen: Gasper kann die Torte unter seinen befreundeten Guides aufteilen und ich bin noch einmal um Haaresbreite dem „Tod durch Kuchen" entgangen.

Während Gasper die Torte genüsslich verteilt, finde ich Zeit, um mich etwas umzublicken. Jedoch nicht, ohne vorher noch ein kleines Video von der Essensausgabe am Uhuru Peak zu machen, die sich mir gerade darbietet. Aufgereiht wie die Orgelpfeifen stehen die Guides vor Gasper. Sie tanzen und singen ununterbrochen, als sich jeder von ihnen einen Bissen Torte abholt. Diese Szenerie hat etwas unheimlich Natürliches in einer unnatürlichen Umgebung. Dabei kann man sich diesen ganz eigenen Tanz und Sprechgesang auch ohne Weiteres mitten in der Serengeti bei einem einheimischen, traditionellen Stammesfest rund um ein loderndes Lagerfeuer vorstellen. Eine tolle Tradition, denke ich, und beschließe, das auch mal zurück in Deutschland in der Kantine auszuprobieren. Einfach mal singend und tanzend vor dem Kantinenpersonal rumspringen. Eine Extraportion Fleisch zum Hauptgang und ein Termin beim Psychologen zum Dessert sind mir damit bestimmt sicher.

Der richtig entspannte Blick für die Natur fehlt, denn ich stehe immer noch ordentlich neben mir. Das Einzige, was ich gerade noch richtig bewusst von meiner Umgebung wahrnehme, ist ein riesiger, weißer Gletscher einige hundert Meter neben mir und das teilweise schnee- und eisbedeckte Geröllfeld auf dem ich stehe. Ein Anblick, der mir noch vergönnt ist und dem zukünftige Bergsteiger nur noch neidisch auf Hochglanzfotos nachtrauern können. Natürlich immer vorausgesetzt, die schlauen Gelehrten behalten Recht und das letzte bisschen Schnee und Eis haben etwa 2020 den unerbittlichen Kampf gegen die afrikanische Sonne und die hip gewordene Klimaerwärmung verloren. Dann wird es vorbei sein mit dem Mythos des ewigen Eises am Kilimandscharo. Ganze 70 Kilometer entfernt, erkenne ich noch den Mount Meru. Dessen Spitze guckt wieder wie eine Insel schüchtern aus der makellosen Wolkendecke unter mir hervor. Eine Wolkendecke, die uns scheinbar egoistisch vom Rest der Welt abkapselt und nicht einmal für den Bruchteil einer Sekunde den Anblick auf die weite, ungezähmte Natur Ostafrikas freigibt. Kaum vorstellbar, dass darunter Elefanten, Löwen, Giraffen und Co. durch die unendlichen Savannen ziehen. Doch über mir strahlt die Sonne kräftig und ungehindert auf mich herab. Sie rangelt sich mit dem azurblauen Himmel, wer den atemberaubendsten Anblick und das beste Fotomotiv für all die Bergsteiger zu bieten hat, die sich mit mir zusammen auf den Gipfel getraut haben. Dabei finde ich es schon fast schade, dass ich Pfeife von Bergtourist es nicht rechtzeitig zum Sonnenaufgang hier heraufgeschafft habe. Wenn dieses Fleckchen Erde jetzt schon so beeindruckend ist, wie einzigartig muss es dann sein, wenn man nachts regungslos am Gipfel in völliger Dunkelheit sitzt und wartet. Wenn man einfach nur im jämmerlichen Lichtkegel seiner Stirnlampe darauf wartet, dass die größte Taschenlampe unseres Sonnensystems langsam am Horizont das Licht über Afrika anknipst. Ein Naturschauspiel, das der Kilimandscharo für mich als Geschenk mit einer hübschen Schleife verpackt zum Geburtstag bereitgestellt hatte. Ein Geschenk, das ich mir unwiderruflich durch die Finger gleiten ließ. Ein Geschenk, dessen Verlust ich aber, in Anbetracht der letzten Horrorstunden, gut verkraften kann. Denn das Wichtigste überhaupt, nämlich meinen Stiefelabdruck am Uhuru Peak zu hinterlassen, habe ich erreicht.

Es ist trotzdem kaum vorstellbar, dass ich jetzt hier oben auf 5.895 Metern stehe. Als das Flugzeug vor 14 Tagen vom Airport in Berlin, der fast auf Meereshöhe liegt, im steilen Steigflug abgehoben ist, habe ich immer wieder auf die Flugdatenanzeige im Bildschirm geguckt. Immer wieder auf diese kleine Spielerei für die Passagiere, die darin in Echtzeit die Flughöhe, Reisegeschwindigkeit und andere Daten ablesen können. Für mich aber zählte nur eins: der Höhenmesser. Wie gefesselt habe ich dabei zugeschaut, wie die Zahlen der Flughöhenanzeige rapide von Sekunde zu Sekunde kletterten. Als der Höhenmesser genau 5.895 Meter anzeigte, wagte ich einen faszinierten Blick aus dem Fenster. Für eine Sekunde blieb mir fast der Atem weg, als ich diesen enormen Höhenunterschied zwischen dem Meeresspiegel und meinem persönlichen Ziel, dem Uhuru Peak, sah. Da erst wurde mir die Tragweite meines spontanen Abenteuers annähernd bewusst. Und jetzt stehe ich wirklich hier oben. Jetzt kann ich über den Stefan von damals im Flieger nur müde lachen und gucke mich um, ob nicht gerade ein Flugzeug, zum Greifen nah, einsam seine Bahnen am wolkenfreien und makellosen Himmel über dem Kilimandscharo zieht.

CONGRATULATION
YOU ARE NOW AT UHURU PEAK
5895 M. A.M.S.L.

FREITAG – TAG 5 AM BERG: DAS MWEKA CAMP

Gasper drängt mich vehement zum Aufbruch. Etwa eine halbe Stunde sind wir jetzt fast schon auf dem Gipfel. Deutlich länger als geplant, doch für mich noch lange nicht lang genug. Ich könnte ewig hier oben bleiben und es fällt mir innerlich schwer, diesen besonderen Moment in meinem Leben wieder loszulassen. Nach zermürbenden Tagen des Aufstieges nur wenige Minuten am Gipfel, das scheint mir ungerecht. Ungerecht und zuckersüß zugleich. Denn, egal wie vergänglich die Minuten auf dem Gipfel sind, in meiner Erinnerung werden sie ewig existieren. Zudem hat Gasper völlig recht. Es ist allerhöchste Zeit zu gehen. Und ich tue gut daran, mich noch nicht in falscher Sicherheit zu wähnen. Denn ein längerer Aufenthalt in der Höhe könnte mir den Rest geben. Das ist selbst mir als blutiger Anfänger am Berg bekannt. Denn die Reaktion des Körpers auf die neue Höhe setzt meist erst einige Stunden zeitversetzt ein, dafür aber umso heftiger. Und das möchte ich auf keinen Fall erleben. Das möchte ich mir nicht antun. Aber auch Gasper und Wilson nicht, die dann die zweifelhafte Ehre hätten, mich vom Berg zu schleppen. Eine Gefahr, die immer noch permanent über uns schwebt wie die scharfe Klinge eines Damoklesschwerts.

Durstig sortiere ich meine Ausrüstung auf 5.895 Metern, dann übergebe ich Gasper den Rucksack. Er hat mir uneigennützig angeboten, diesen im Abstieg zu tragen. Müde und vom Aufstieg noch angeschlagen, nehme ich sein Angebot auch dankend an und bohre meine Trekking-Stöcke wieder in den sandigen, steinigen Boden des Kibos. Aber bevor ich endgültig und wahrscheinlich für immer in meinem Leben dem Uhuru Peak den Rücken zukehre, brauche ich ein greifbares Stück Erinnerung für meine Freunde und mich. Und noch bevor irgendjemand dumm gucken oder blöde Fragen stellen kann, lasse ich mit zwei, drei flinken Handgriffen einige Lavabrocken in meiner Jackentasche verschwinden. Original Lava vom höchsten Punkt in Afrika, das ist doch auch tausendmal cooler als irgendein dämliches Souvenir vom Straßenrand in Moshi oder Arusha. Und mit einem Grinsen und dem Wissen, dass ich ein Weltnaturerbe bestohlen habe, begebe ich mich auf den Abstieg. Der erste Schritt vom Berg runter. Ein echter Meilenstein. Eine Kehrtwende für den Bergsteiger Stefan. Bisher war alles, was ich gemacht habe, jeder Schritt, jeder Gedanke nur darauf ausgelegt, den Gipfel zu erreichen. Das ist jetzt Vergangenheit. Jetzt geht es bergab. Was kann jetzt schon noch passieren? Ich fühle mich wie ein müder, geschundener Cowboy in einem dieser alten Italowestern, der die unerbittliche Wüste durchquert hat und mit trockener Kehle und dröhnendem Schädel dem Sonnenuntergang entgegen reitet, um sich im Salon der nächsten Stadt ein kühles, spritziges Bier zu gönnen. Ja, ein herrlich kühles Bierchen phantasiere ich. Am besten ein echtes Kilimanjaro Lager oder ein Serengeti Banana Bier. Und während ich in Gedanken schon beim Barmann die Bestellung aufgebe, stapfen Gasper, Wilson und ich bedacht langsam vom Uhuru Peak zum Stella Point hinab. Das Bergabgehen tut gut. So gut, dass ich für einen kurzen Moment im Überschwang der Euphorie fast all meine Schmerzen ausblende. So gut, dass ich mich dieses Mal nicht am Stella Point übergeben muss und stattdessen ein paar Erinnerungsfotos von Gasper knipse, der sich das ramadansche Gipfelkreuz über seinen Rücken wirft und damit lässig vorm Blechschild posiert. Dabei wundere ich mich, wie dieses riesige, fette und eigentlich nicht zu übersehende Holzkreuz plötzlich und von mir wieder völlig unbemerkt vom Uhuru Peak zum Stella Point gekommen ist. Aber egal. Es wird Zeit. Noch zweimal Bing! Bing! und weiter.

Gut gelaunt aber wortlos verlassen wir den Stella Point. Fünfzig Meter unter eben diesem kommen uns immer noch vereinzelt Bergsteiger entgegen, die Mitternacht aufbrachen und nun seit fast neun Stunden im Aufstieg sind. Ich kann es gut nachempfinden, wie sie sich fühlen müssen, wenn sie mir so entgegen torkeln. Die Münder weit aufgerissen und mit dicken, schwarzen Augenringen, die sich unter den Rändern der Sonnenbrillen abzeichnen. Ein elender Anblick der Gesichter, die sich teilweise in hässliche und gequälte Halloweenfratzen verwandelt haben. Die verbissen und fast regungslos den Wunsch ausdrücken, jetzt lieber ganz woanders zu sein, irgendwo auf Sansibar unter Palmen am Strand zu liegen und genüsslich einen Cocktail nach dem anderen zu schlürfen, während die leichte Meeresbriese ihre braungebrannte Haut verwöhnt. Ich spare mir daher die dämlichen Sprüche, die ich mir selbst vorhin noch anhören musste und die mich total geärgert haben. Ich gehe einfach weiter. Gehe weiter, schweige und lasse sie damit ungestört bei ihrem eigenen Kampf zurück. Einen Kampf gegen die Höhe und Erschöpfung, den ich bereits überglücklich gewonnen habe und den diese armen Gestalten noch mit sich selbst und dem Berg ausfechten müssen.

Kurze Zeit später verlassen wir den Aufstiegspfad durch das Lavafeld, den wir noch bei Sonnenaufgang gegangen sind und biegen links ab. Gasper gibt die Richtung vor, auch wenn mir diese neue Unbekannte nicht sonderlich gefällt. Er ist schließlich der Guide und wenn einer wissen muss, wo es langgeht, dann sicherlich er. Der Lavaboden, der beim Aufstieg vor zwei Stunden schon sehr lose und rutschig war, ist jetzt durch die Kraft der Sonne weiter aufgetaut, dadurch tief und kaum begehbar. Der Hang, den wir hinab laufen, nimmt unterdessen immer mehr an Steilheit zu. Bei dieser Neigung und diesem losen Untergrund kommt richtiges Wintersportfeeling auf. Und mit meinen Wanderstiefeln in Größe 48 schlittere ich wie auf Ski den Hang hinab. Schlittere immer schneller und schneller, bis es mir langsam unheimlich wird. Die Schlitterpartie ist kaum zu kontrollieren und ich muss mich ordentlich mit meinen Wanderstöcken gegen den Hang stemmen. Muss sie in den tiefen und weichen Boden rammen, um nicht vornüberzufallen. Ein echter Spaß für große Jungs. Doch was als großer Spaß begann, wird jetzt plötzlich und unbeabsichtigt purer Ernst. Der weiche und tiefe Boden verwandelt sich in loses scharfkantiges Geröll, während das Gefälle noch weiter zunimmt. Aus dem anfänglich spaßigen, wintersportähnlichen Schlittern ist nur noch Stolpern, Springen und einbeiniges Rutschen übrig geblieben. Und ohne die stabilen Trekking-Stöcke wäre wahrscheinlich der Hechtsprung die vorherrschende Fortbewegungsart oder ich würde auf meinem Hintern bis ins nächste Camp runterrutschen. Von einem geordneten Rückzug kann man hier definitiv nicht mehr reden, eher schon von einer überhasteten Flucht vom Berg. Eine Flucht, die ganz schön kräftezerrend ist. So kräftezerrend, dass sich meine Beine schnell wie Pudding anfühlen und immer wieder kraftlos nachgeben. Gern wäre ich jetzt auf dem gleichen Weg wie beim Aufstieg. Der war wenigstens größtenteils fest und schlängelte sich am Berg entlang. Ganz anders als diese gerade Downhill-Strecke, auf der ich mich fast im freien Fall befinde. Aber nein, Gasper muss mich ja unbedingt durch diesen miesen Vulkantrichter jagen. Wo steckt der Typ eigentlich gerade? Außer Wilson, der mir treu wie Sancho Panza nicht von der Seite weicht, ist weit und breit keine Menschenseele zu sehen. Wir beide sind anscheinend die einzigen Trottel, die sich hier durch diesen Teil des Trichters quälen. Und Gasper, mein treuer Gasper, versteckt sich hinter irgendeinem Felsen und telefoniert oder simst. Simst oder telefoniert mit seinem Boss, dass wir es bis zum Gipfel geschafft haben. Oder petzt im Barafu Camp, dass er möglicherweise jemanden hat, der es aus eigener Kraft nicht mehr zurückschafft, vielleicht sogar abtransportiert werden muss. Damit hat er auch gar nicht so unrecht. Mit mir geht es bergab. Und das nicht nur wegen diesem gottverhassten, steilen Vulkantrichter. Angeblich soll insbesondere der Abstieg die kritischste Phase am Gipfeltag sein, weil sich viele Bergsteiger bereits bis zum Gipfel völlig verausgabt haben, ihnen dann die Kraft zum nächsten Camp fehlt und den Abstieg dann nur noch mit fremder Hilfe bewältigen können. Entweder gestützt oder festgezurrt auf einer dieser lustigen, eisernen Karren, die an nostalgischen Wegpunkten die Route schmücken. Aber für mich undenkbar. Wenn ich es ohne Hilfe bis auf den Gipfel geschafft habe, dann werde ich ja auch verdammt nochmal allein wieder runterkommen. Egal wie, aber auf meinen eigenen zwei Beinen. Auch wenn es gerade alles andere als danach aussieht. Gerade fühle ich mich einfach nur beschissen. Ich bin völlig entkräftet, in meinem Schädel dröhnt es immer noch und ich bin todmüde. Ich bin definitiv einer derer, die ihr letztes Pulver bis zum Gipfel verschossen haben. Einer derer, die bis aufs Zahnfleisch gekrochen sind, ohne auch nur einen leisen Gedanken an den Abstieg zu verschwenden. Warum auch. Ich dachte, das Schlimmste hätte ich überstanden. Dabei geht es jetzt nochmal richtig los. Nochmal richtig ans Eingemachte. Nochmal in den Kampf um jeden Meter. Diesmal jedoch um jeden Meter vom Berg hinunter bis ins nächste Camp. Irgendwo dort unten muss auch gerade meine Motivation rumschwirren. Irgendwo zwischen Meeresspiegel und Barafu Camp. Wherever: der Antrieb ist weg und ich frage mich, wie viel ich eigentlich noch ertragen kann. Frage mich, wie viele Tiefschläge ich noch einstecken kann, ohne endgültig auf die Bretter zu gehen. Frage mich immer wieder, wie es mir geht, wenn plötzlich nichts mehr geht. Eine idiotische Frage, die hoffentlich für immer unbeantwortet bleibt. Denn eines ist Fakt: auch wenn der Köper nicht mehr kann, übernimmt der Geist, übernimmt der Wille und umgekehrt. Einer von beiden zwingt dich dazu, immer weiterzugehen. Ob bewusst oder unbewusst, der Mensch ist viel stärker, als er denkt. Ich bin viel stärker, als ich dachte. Und wenn ich eines mit vom Kilimandscharo nehmen sollte, dann diese Erkenntnis. Eine Erkenntnis, die, egal wie schmerzhaft sie auch erkämpft wurde, egal was in den nächsten Stunden noch passieren sollte, den Rest meines Lebens mitprägen wird. Und ich bin davon überzeugt, dass ich mental stärker aus Afrika zurückkehren werde. Dass ich charakterlich ein anderer Mensch sein werde, als noch vor zwei Wochen am Berliner Airport in Deutschland. Dieses Abenteuer Afrika und die Grenzerfahrung, mich am Kilimandscharo bis in die letzte Faser meines Körpers zu verausgaben und mich mit mir selbst bis in die hinterste Ecke meines Geistes auseinanderzusetzen, sind mit keinem Geld der Welt zu kaufen.

Welch heroische Erkenntnis, schreie ich leise in mich hinein. Stefan, hoffentlich hast du keinen Sonnenstich. Schaff lieber erst mal deinen Arsch sicher von diesem ungastlichen Berg. Und dennoch klammere ich mich an dieser Erkenntnis fest. Kralle mich daran fest wie ein Ertrinkender an dem einzigen Rettungsring. Was bleibt mir auch übrig an diesem wunderschönen Freitagvormittag mitten im idyllisch gelegenen Lavatrichter. Die Sonne steht hoch am Himmel und strahlt mir mitten ins gerötete Gesicht, während sich ein leicht kalter Wind in meiner Kleidung verfängt. Und direkt vor mir schlängelt sich der Pfad durch die Gesteinsbrocken und Felsen des Eruptionstrichters. Welch famoser und einzigartiger Anblick. Ein genussvoller Anblick, der mir leider verwehrt bleibt, denn mir geht es verdammt dreckig. Todmüde und mit halbgeschlossenen Augen gehe ich immer weiter. Ich habe das Gefühl, dass ich jeden Moment einschlafe. Einfach so, mitten im Gehen. Und tatsächlich ertappe ich mich dabei, wie ich ab und zu einnicke, um dann völlig erschrocken wieder aufzuwachen. Aber damit muss ich jetzt klarkommen und hoffen, dass ich bei meinen Blindflügen nicht stürze und dabei unsanft den Boden küsse. Viel Gegenwehr kann ich eh nicht mehr leisten, denn ich bin innerlich leer. Bin wie ausgebrannt und funktioniere lediglich im Unterbewusstsein. An dieser Stelle hat mein Körper definitiv das Zepter übernommen und führt mich fortwährend vom Berg. Nur wie lange noch? Ich befinde mich jetzt seit über zwei Stunden im Abstieg und die Zeitintervalle, in denen ich mich auf den Beinen halten kann, werden immer kürzer. Mehr als zehn Meter schaffe ich meist nicht am Stück. Dann muss ich auf meinen Stöcken gestützt stehen bleiben oder mich gar auf irgendeinen Felsen setzen, während ich nach Luft japse. Zu allem Überfluss fehlt von meinem Guide immer noch jede Spur und ich verfluche den Moment, an dem ich ihm meinen Rucksack überlassen habe. Nicht, weil es mir so viel Spaß bereitet hat diesen zu tragen, sondern vielmehr, weil dort mein gesamtes Trinkwasser drin ist, das nun mittlerweile auch wieder aufgetaut sein dürfte. Ich bin scheinbar schon dehydriert, denn bis auf den halben Liter Tee im Aufstieg und die zwei Tassen Wasser, die ich am Stella Point wieder ausgekotzt habe, habe ich seit über zehn Stunden nichts getrunken. Angesichts der Tatsache, dass das Wichtigste am Berg angeblich regelmäßige und ausreichende Flüssigkeitsaufnahme ist, bewege ich mich somit deutlich auf gefährlich dünnem Eis. Das kann bei dieser Höhe und der körperlichen Belastung einfach nicht lange gut gehen. Deshalb bin ich auch gerade unheimlich sauer auf meinen Guide, dessen einzige Aufgabe es ist, mich erst auf den Gipfel zu bringen und dann, was noch viel entscheidender ist, sicher wieder vom Berg runter zu führen. Aber er zieht es lieber vor, sich irgendwo im Nirgendwo rumzutreiben. Egal, dieser Typ kann mir gestohlen bleiben. Sancho Panza und ich werden auch ohne diese Pfeife vom Berg finden. Und bis es soweit ist, stolpere ich einfach weiter. Links, rechts, links, rechts und ich habe immer noch unerträglichen Durst.

Langsam wird das Gelände wieder flacher und keine hundert Meter vor mir tauchen einige Bergsteiger auf, die sich auch im Abstieg befinden. Der Weg auf dem sie wandern, ist deutlich zu erkennen. Er ist über drei Meter breit und zehntausende Paar Schuhe haben ihn offensichtlich innerhalb der letzten Jahre in den sandigen Boden getrampelt. Er zeigt auch ohne Steinmännchen klar die Lebensadern an, auf denen sich Jahr für Jahr tausende Wanderer über den Kilimandscharo quälen und sich damit ein Privileg zu eigen machen, das schon längst keines mehr ist. Das Privileg, den höchsten Berg des afrikanischen Kontinents und somit einen der Seven Summits bestiegen zu haben.

Als der kleine Trampelpfad, auf dem ich mich gerade befinde, in den großen Weg mündet, stoße ich auf eine Dreiergruppe. Zwei junge Männer in meinem Alter mit peruanischen Wollmützen und ihrem einheimischen Guide. Alle drei sehen ziemlich frisch aus. Wenn man bedenkt, was sie gerade durchgemacht haben, sehen sie sogar blendend aus. Und mit dynamischem Schritt ziehen sie an mir vorbei. Den Versuch mit ihnen mitzuhalten, unternehme ich erst gar nicht. Denn ich kriege keine zweite Luft, auch keine dritte und schon gar keine vierte. Dessen bin ich mir längst bewusst. Auch diese ganze „links, rechts, rechts, links“ oder wie auch immer Westentaschenpsychologie funktioniert schon lange nicht mehr. Und unter den wachsamen Augen des Kibos schaffe ich es gerade mal drei leidende Schritte zu machen, bevor ich wieder stehen bleiben muss. Und im Halbschlaf drehen sich alle meine Gedanken nur um eines: Wie stelle ich es bloß an, um von diesem Berg zu kommen? Wie schaffe ich die nächsten drei Schritte? Dieses Schreckensszenario wiederholt sich jetzt immer wieder, wieder und andauernd wieder. Ein realer Albtraum. Mitten im Abstieg an einer steilen Felsformation, mitten in meinem persönlichen Armageddon, steht Gasper plötzlich hinter mir. Mit einem Grinsen auf den Lippen und gut gelaunt, lächelt er mich an als wäre nichts gewesen. Grinst mir, nachdem er mit eineinhalb Stunden Abwesenheit geglänzt hat, ganz frech ins Gesicht. Für mich und mein angekratztes Nervenkostüm ist das eindeutig zu viel. Ich bin wütend, nehme ihm den Rucksack mit meinem Wasser weg und fahre ihn verbal an. Mache ihm klar, was ich von unserem Ausflug durch den Vulkantrichter und seinem Alleingang halte. Mache ihm klar, dass ich nach über elf Stunden nicht mehr kann und auch nicht mehr will. Anschließend ist es für zwei Minuten totenstill. Es ist weit und breit nichts zu hören oder zu sehen. Nur drei Männer, die auf Steinen in einer Felswand sitzen und sich anschweigen. Nur Sancho Panza, mein in Ungnade gefallener Guide Gasper, ich und die sengende afrikanische Wintersonne, die völlig unbeeindruckt von diesem Spektakel über uns thront.

Es tat richtig gut, dass ich mir verbal Luft gemacht habe. Es tat gut, ordentlich Dampf abzulassen. Aber vor allem bin ich jetzt froh, endlich mein Wasser zurückzuhaben. So froh und glücklich wie ein Verdurstender, der nach Tagen in der Atacamawüste zu guter Letzt doch noch ein Wasserloch gefunden hat. Hastig sauge ich an dem Schlauch der Trinkblase, bis der gröbste Durst gestillt ist. Ich gebe Gasper den Rucksack zurück mit der eindringlichen Aufforderung, mir nicht mehr auch nur einen Meter von der Pelle zu weichen und klettere wie in Zeitlupe weiter über einige große Felsen herab. Jede Art von Gespräch hatte sich damit auch erübrigt. Schweigend schleppe ich mich weiter vom Berg, während Gasper von nun an immer direkt an meiner Seite bleibt.

Nach vielen Minuten mit unzähligen, unfreiwilligen Stopps und in völliger Monotonie, geht es noch einmal bergauf. Vor uns türmt sich inmitten eines kleinen Tals ein Hügel auf, der mich in meinem erschöpften, vielleicht auch schon leicht fantasierenden Zustand irgendwie an den Panzer einer riesigen Schildkröte erinnert. Ein staubiger Panzer, auf dessen Rücken sich ein schmaler Weg hinauf schlängelt, bis er wieder weiter hinten, außer Sichtweite, ins Ungewisse verschwindet. Meter um Meter erklimme ich den Schildkrötenpanzer, während vereinzelt weitere Bergsteiger schnaufend an mir vorbeiziehen. Kurz vor dem höchsten Punkt des Hügels passiere ich eine Vierergruppe von schwarzen Männern mit leuchtend grünen Jacken, auf denen groß der Schriftzug RESCUE prangt. Mit ihren weißen und wachen Augen mustern sie mich von oben bis unten. Ich spüre förmlich wie ihre Blicke auf mir ruhen und sehe diese riesigen Fragezeichen über ihren Köpfen, als sie sich nur über Augenkontakt mit meinem Guide austauschen. Ihre Unsicherheit, ob sie eingreifen sollen oder nicht, steht ihnen deutlich ins Gesicht geschrieben. Die Unsicherheit, ob sie womöglich dem Typen, der gerade in allerbester Zombiemanier an ihnen vorbeitorkelt, unter die Arme greifen müssen. Doch das macht mir Mut. Nicht, dass ich so mitleiderregend und hilfsbedürftig aussehe, sondern vielmehr, dass es jetzt scheinbar nicht mehr weit sein kann. Dass diese drei Kerle vermutlich ein vorgezogener Rettungsposten der Abstiegsroute zum Camp sein könnten. Und ich behalte mit meiner Vermutung recht. Am Ende des Hügels erkenne ich die ersten bunten Zelte inmitten der kargen, grauen Landschaft. Das Barafu Camp. Es liegt direkt vor mir und weist mir, wie ein Leuchtturm dem Seemann in stürmischer See, den Weg. Ich steuere direkt darauf zu. Zwanzig Minuten später stehe ich vor meinem Zelt, reiße den Reißverschluss auf und krieche sofort hinein. In Sekundenschnelle gebe ich dem Drang nach, mich hinzulegen. Fast zwölf Stunden hat mein Körper unaufhaltsam danach geschrien. Er hat mich mit verführerischer Stimme förmlich danach angebettelt. Angefleht, mich in den staubigen und kalten Boden des Kibos zu knien und aufzugeben. Diesen Gefallen konnte ich und wollte ich ihm nicht tun. Umso befriedigender ist es jetzt für mich, mit ausgestreckten Beinen der Länge nach im Zelt zu liegen. In meinen gesamten Klamotten und mit meinem Rucksack als Kopfkissen, liege ich einfach nur regungslos da. Liege in meinem kalten Zelt auf meiner dünnen Isomatte. Und dennoch möchte ich nach dem Desaster der letzten Stunden in diesem Moment nirgendwo anders lieber sein als hier in meinem Billigzelt. Ich bin erleichtert und beschließe, dass mich hier heute keiner mehr freiwillig rausbekommt. Ich bin bis an meine persönlichen Grenzen gegangen, bloß um diese immer wieder zu verschieben. Immer wieder habe ich von mir Leistung eingefordert, die vor diesem Trip undenkbar gewesen ist und sich dennoch als möglich erwiesen hat. Bin Risiken eingegangen, die unkalkulierbar und völlig verantwortungslos mir, aber auch meiner Familie gegenüber waren. Doch ich habe es geschafft. Die Schmerzen werden bald vergessen sein, aber der Triumph über diesen Berg und der Stolz, alle Widrigkeiten überwunden zu haben, die bleiben mir für immer. Wäre ich umgedreht oder hätte ich mir helfen lassen müssen, ich glaube, ich könnte damit nicht leben. Diese Niederlage wäre wie eine schlecht heilende, eiternde Wunde. Wäre wie ein großer Splitter in meinem Kopf, der unaufhaltsam pocht. Der mich jedes Jahr an meinem Geburtstag aufs Neue an den Moment der Umkehr erinnern würde. Stattdessen weiß ich für den Rest meines Lebens, dass ich am neunten August um acht Uhr, somit genau an meinem dreißigsten Geburtstag, mit einer Torte auf dem höchsten Punkt in Afrika gefeiert habe. Und das kann mir keiner mehr nehmen. Aber ich kann genauso gut nachvollziehen, wenn Bergsteiger umgedreht sind. Wenn ihnen die Risiken und die körperlichen Strapazen zu groß geworden sind. Und es gehört wahrscheinlich viel mehr Mut und Rückgrat dazu, sich seine Grenzen einzugestehen und umzudrehen, als blind und vom Ehrgeiz getrieben seinen Weg Richtung Gipfel ohne Rücksicht auf Leib und Leben fortzusetzen. Doch ich persönlich konnte einfach nicht anders, obwohl ich zigmal vor genau dieser Entscheidung stand. Eine Entscheidung, die nur jeder für sich allein treffen kann. Und auch jetzt in meinem „Palastzelt“ fühle ich mich nicht recht als Sieger, dafür geht es mir viel zu schlecht. Überall in meinem Körper rauscht, pocht, kribbelt oder sticht was. Ich bin unglaublich schwach. Die Befürchtung, dass ich meinen Gipfeltraum im Nachhinein noch teuer bezahlen muss, ist allgegenwärtig. Doch alles dominierend ist die drückende Müdigkeit. Ich will nur noch schlafen. Und während mir der Wind draußen im Zusammenspiel mit der Zeltplane ein leises Gutenachtliedchen pfeift, fallen mir sofort die tonnenschweren Augenlider zu.

Zum ersten Mal seit Tagen habe ich das Gefühl, auch wirklich schlafen zu können. Endlich einmal zur Ruhe zu kommen. Mir den Schlaf zu holen, der mir bisher versagt geblieben ist. Ein tolles Gefühl, das den Schmerz fast schon zur Nebensache degradiert. Bis Hasani die Zelttür aufreißt und mich mit einem fröhlichem „Welcome my friend“ und „Karibu“ aus dem Halbschlaf zurück in die Gegenwart katapultiert. Das kann doch jetzt nur ein schlechter Traum oder ein ganz dummer Scherz sein, oder? Leider nicht, denn die gelblich weißen Zähne Hasanis und das Logo der Cleveland Indians auf seinem Baseball Cap sind genauso real wie die schlechte Laune, die gerade in mir hochkocht und der unangenehme Schweißgeruch mit dem Hasani mein Zelt verpestet. Kurzzeitig bin ich sogar bestrebt, ihm zu sagen, dass er sich sein „Karibu“ dahin stecken soll, wo die Sonne über dem Kilimandscharo niemals scheint und aus meinem Zelt verschwinden soll – so frustriert und sauer bin ich. Frustriert, weil es mir anscheinend, egal was ich hier auch in den letzten Tagen anstelle, nicht vergönnt ist, auch nur ein Auge zuzumachen und sauer auf Hasani, weil dieser Typ der Einzige ist, der jetzt noch zwischen mir und meinem hart verdienten Land der Träume steht. Aber statt wie eine Rakete an Silvester zu explodieren, beiße ich mir auf die Zunge und besinne mich umgehend wieder auf meine gute Kinderstube. Zu Recht, denn was kann schon der arme Hasani, der hier auch nur versucht seinen Job zu machen, für meine Befindlichkeiten. Egal warum, aber nach zehn Sekunden im Halbschlaf ist es also wieder vorbei mit der Herrlichkeit. Er hat Tee und Essen mit, das er mir stolz und überschwänglich präsentiert. Mich interessiert das Sammelsurium an Tassen, gefüllten Töpfen und Tellern herzlich wenig, denn mein Primärbedürfnis ist jetzt nur noch Schlaf, Schlaf und nochmals Schlaf. Also bin ich höflich und lasse ihn auftafeln, wohl wissend, dass er dann schneller verschwindet und ich ungestört einschlafen kann. Hellhörig werde ich erst bei den Worten „halbe Stunde“ und „Zelt abbauen“. Da kann ich nur etwas falsch verstanden haben, denn die Sprachbarriere zwischen uns ist deutlich vorhanden. Ich spreche kein Suaheli, er natürlich kein Deutsch und nur gebrochen Englisch. Also rolle ich mich mühsam auf die Seite und bitte ihn darum, Guide Gasper zu holen. Er kommt sofort. Doch entweder haben Gasper und ich gerade die gleiche Sprachbarriere oder die Jungs meinen es ernst. Meinen es so ernst, dass sie wirklich in einer halben Stunde wieder mit mir aufbrechen und bis zum Mweka Camp absteigen wollen. Angeblich nur ein Marsch von zweieinhalb Stunden. Ob nun zweieinhalb Stunden oder gar nur fünf Minuten, ich halte das für verrückt und schlichtweg unmöglich. Ich bin fest entschlossen heute keinen einzigen Meter mehr zu gehen. Nicht mit mir. Ich bleibe heute hier im Zelt, schlafe mich ordentlich aus und lecke mir die Wunden, die mir der Gipfeltag eingebrockt hat. Morgen ist auch noch ein Tag, an dem wir gemütlich, wenn ich mich nicht wie von einem Laster überfahren fühle, zum nächsten Camp absteigen können. Dachte ich zumindest. Obwohl ich mein ganzes Verhandlungsgeschick nach Harvard mit in den Ring werfe, hat er die deutlich besseren Argumente. Zugegeben, ich bin viel zu schwach und müde, um noch wirklich Widerstand zu leisten, aber ganz so einfach will ich es ihm auch nicht machen. Also handle ich noch eine Stunde Rast mehr für mich aus. Genau so viel Zeit wie maximal möglich ist, um noch sicher vor Einbruch der Dunkelheit beim Mweka Camp anzukommen. Ein Ergebnis, mit dem wir beide gut leben können. Ich trinke noch zwei Tassen Tee, löffele die Suppe leer und esse drei Happen Reis, bis mir diese schon fast wieder hochkommen. Dann lege ich mich zum Schlafen hin.

Eine Stunde schlafe ich wie ein Toter. Wache nicht einmal zwischendurch auf. Erst als Gasper in mein Zelt kommt, werde ich aus meinem traumlosen Schlaf gerissen, stehe ohne Murren und ohne Diskussion auf und verlasse das Zelt. Drei Minuten später sind wir wieder unterwegs. Ich gebe wie abgesprochen das Tempo vor und die Stimmung, die im Abstieg zum Barafu Camp zeitweise auf arktische Temperaturen zwischen meinem Guide und mir gesunken war, wird wieder deutlich besser. Auch, weil ich mich wieder beruhigt und erkannt habe, dass ich in dieser beschissenen Situation, in der ich mich befand, wahrscheinlich einfach nur einen Schuldigen gesucht und auch dankbar in meinem Guide Gasper gefunden habe. Aber anscheinend ist Gasper genauso wenig nachtragend wie ich. Zudem haben die Stunde Schlaf und das bisschen Essen wahre Wunder bewirkt. Freunde, die mich gut kennen, können das bestätigen: Einem müden und hungrigen Stefan kommt man vorsichtshalber nicht in die Quere. Nicht, dass es mir auf einmal blendend gehen würde, im Gegenteil, ich stehe immer noch auf recht wackligen Beinen und in meinem Schädel donnern die Kolben der alten Diesellok unerbittlich laut. Aber mit jedem Höhenmeter, den ich absteige, geht es mir etwas besser. Ich spüre richtig, wie die Kraft langsam in meinen Körper zurückkehrt. Spüre, wie der Druck und die Kopfschmerzen langsam abnehmen. Spüre, wie der Kilimandscharo seinen festen Griff um meinen zerbrechlichen Hals Millimeter für Millimeter lockert. Ein echt beruhigendes Gefühl. Und all die Zweifel, die ich noch vor kurzem für einen weiteren Abstieg zum Mweka Camp hatte, haben sich in Wohlgefallen aufgelöst. Das energische Drängen Gaspers und unsere Entscheidung, das Barafu Camp heute noch zu verlassen, waren definitiv richtig. Das Schönste ist aber, dass ich jetzt endlich wieder die außergewöhnliche Natur wahrnehmen kann. Die Anspannung und die Erwartungshaltung an mich selbst sind plötzlich wie weggeblasen. Leicht und befreit schreite ich Meter um Meter über dieses einmalige Fleckchen Erde. Jetzt erst realisiere ich richtig, was in den letzten Tagen alles passiert ist. Was ich alles erreicht habe. Jetzt erst genieße ich langsam wieder meine Tour auf dem Kilimandscharo. Ganz ohne Druck und ohne diese alles überschattende Ungewissheit, die der Gipfel mit sich bringt. Ein Druck, der mich psychisch gelähmt hat und die Luft zum Atmen nahm. Jetzt endlich kann ich wieder frei und unbeschwert durchatmen.

Unser Weg führt mich über große steinige Felder mit ausgedörrten Böden. Doch umso tiefer wir kommen, umso reichhaltiger wird auch die Vegetation. Wilde Gräser, Heidekraut und Sträucher säumen die Pfade. Mit der Vegetation, die immer mehr zurückkehrt, kommt auch meine Kraft. Ich fühle mich plötzlich unverständlich stark. Meine Beine, die noch vor wenigen Stunden wie Wackelpudding Schritt für Schritt vom Berg abwärts gezittert haben, gehorchen zunehmend meinen Befehlen und geben mir wieder Stabilität. Meine Lunge, die gerade noch am Gipfel wie bei einem Kettenraucher geächzt hat, durchströmt nun herrlich frische Luft und zieht den Sauerstoff bis in die letzte Zelle meines Körpers. So muss das sein. So und nicht anders, denke ich mir. Ähnlich wie ein Olympiasieger bei seiner Ehrenrunde, der durch das Stadion läuft und der ganzen Welt seine Medaille präsentiert, präsentiere ich meine wiedergewonnene Stärke. Laufe festen Schrittes an Teilnehmern anderer Touren vorbei. Springe von Stein zu Stein. Selbst Gasper, dem ich bisher mehr ein Klotz am Bein war, hat Mühe mir zu folgen. Woher ich plötzlich diese Energie habe? Ich weiß es nicht, aber ich bin wie berauscht. Bin wie im Flow und irritiert zugleich. Irritiert über das fast schon schizophrene Treiben meines Körpers am Kilimandscharo, der einmal stark und unbezwingbar, allen Widrigkeiten zum Trotz, frech den Mittelfinger zeigt, ein anderes Mal wieder schwach, verletzlich und der Natur wie ein Neugeborenes schutzlos ausgeliefert ist. Aber wie passt das zusammen? Und ich finde nur eine unbefriedigende Antwort: ganz und gar nicht.

Nach vier statt der angekündigten zweieinhalb Stunden, erreichen wir das Mweka Camp. Es liegt auf „läppischen“ 3.120 Metern und befindet sich voll und ganz in der Hand der Natur. Das gesamte Camp besteht nur aus großen, grünen Bäumen und dichten, undefinierbaren Sträuchern, die undurchdringlich und anziehend mystisch erscheinen. Inmitten dieses Urwaldes sind die einzelnen Zelte aufgeschlagen. Einfach links und rechts eines leicht abschüssigen Pfades, der von Menschenhand akribisch genau und wie an einer Schnur gezogen, in den dichten Urwald geschlagen wurde. Die Zelte stehen direkt zwischen diesen riesigen Sträuchern, die sich über unseren Köpfen wieder miteinander vereinen und damit das Tageslicht größtenteils vom schwarzen, fruchtbaren Boden fernhalten. Nur wenige Meter neben den bunten Zelten beginnt unverhohlen die unberührte Natur, die ein Eindringen fast unmöglich macht… die das Tageslicht völlig schluckt und mit ihrer Undurchschaubarkeit eine sehr geheimnisvolle Wirkung auf mich ausübt. Für mich persönlich das schönste Camp auf der gesamten Tour. Die Aussicht ist zwar sehr bescheiden, aber dafür ist es so als würde man direkt im Dschungel zelten. Überall dampft es und der verlockende Geruch von Essen durchströmt das Camp. Mir fällt auf, dass ich alles andere als verlockend dufte. Kein Wunder, nach über fünf Tagen ohne Dusche. Und so beschließe ich erst einmal, all meine Klamotten zu tauschen und mich mit einer Katzenwäsche wieder halbwegs riechbar zu machen. Gar nicht so einfach, wenn dein einziges Stück Kernseife irgendwo im Schnabel eines gierigen Geiervogels verschwunden ist. Ich versuche es trotzdem und ernte ungläubige Blicke unter den Trägern und Guides der umliegenden Zelte. Komisch, vielleicht gibt's da ja irgendeinen Verhaltenscodex in Tansania, den ich nicht kenne. Zumindest mein Zeltnachbar fühlt sich durch meinen Striptease animiert und kommt zu mir rüber. Es ist der Mann von dem leicht übergewichtigen Pärchen, mit denen ich mir noch heute Nacht, kurz unter dem Stella Point, einen heißen Dreikampf geliefert habe. Einen Dreikampf zwischen Not und Elend. Und als Leidensgenossen im Geiste, freut es mich sehr zu hören, dass es die beiden auch noch bis auf den Gipfel geschafft haben. Wir philosophieren noch etwas wie alte Hasen über das Erlebte. Ganz so wie sich das gehört, als würden wir schon jahrelang nichts anderes als Bergsteigen unsere Profession nennen, bis die Sonne sehr schnell untergeht und Hasani mit dem Essgeschirr angeklappert kommt.

Nach dem Essen in meinem Zelt – ich wollte es mir gerade gemütlich machen – wird zum x-ten Mal auf dieser Tour meine

Zeltplane aufgerissen. Erst war ich nur genervt, dann deutlich verwundert. Denn jemand hält eine brennende Kerze mitten ins Zelt, dicht gefolgt von fünf grinsenden Gesichtern. Und bevor ich richtig begreifen kann, was sich mir gerade für ein Schauspiel bietet, dröhnt auch schon aus fünf vergnügten Kehlen Gesang. Ich rate mal: es ist ein tansanisches Geburtstagslied, das mir mein gesamtes Team zum Besten gibt. Gasper, Juma, Hasani, Japhet und Wilson bilden ein fulminantes Gesangsquintett, das an Perfektion und Eleganz sicherlich weltweit ihresgleichen sucht. Aber egal, wie krähenhaft ihre Darbietung ist, ich bin sichtlich erfreut, dass die Jungs so etwas für mich machen. Nach der Gesangseinlage kommt plötzlich noch der Geburtstagskuchen zum Vorschein, den ich am Gipfel schon in seiner vollen Pracht bewundern und leidvoll verkosten durfte. Wilson muss ihn den ganzen Weg bis hierher mitgeschleppt haben. Ein verrückter Typ. Und noch bevor ich genau weiß, ob das jetzt Glück oder Unglück für mich ist, habe ich schon die Gabel mit einem ordentlichen Stück dieser Zuckerbombe im Mund. Mit einer Geste der Dankbarkeit schlucke ich das Stück Kuchen artig runter, während mir Gasper ein zweites nachschiebt und signalisiert, dass ich ihn und alle anderen Jungs auch mit Kuchen füttern soll. Gesagt, getan und so sitzen wir alle schmatzend beieinander und planen gedanklich schon den nächsten Termin beim Zahnarzt. Ich finde es richtig toll, dass ich Opfer dieses Rituales sein durfte, auch wenn ich weiß, dass das der Job der Jungs ist und etwas Eigennutz immer dabei mitschwingt. Werden doch schließlich morgen die Trinkgelder verteilt und das hier ist die optimale Gelegenheit, sich dem Klienten nochmal positiv ins Bewusstsein zu rufen. Aber das stört mich überhaupt nicht. Denn mal ehrlich, ich hätte das wahrscheinlich genauso gemacht. Hätte alle möglichen Hebel in Bewegung gesetzt, damit der in meinen Augen reiche Deutsche sein Portemonnaie ganz weit für mich aufmacht. Hätte versucht, das Maximum für mich und meine Familie rauszuholen.

Kaum war die Feiergesellschaft verschwunden, will Gasper auch gleich die Gelegenheit nutzen, um mich zu fragen, ob ich mir denn schon Gedanken gemacht habe über die Höhe der

Trinkgelder und wie ich diese verteilen möchte. Anscheinend lässt er diesbezüglich nicht viel anbrennen. In der Tat hatte ich mir darüber schon einige Gedanken gemacht, sogar schon bevor ich überhaupt auf diese Tour gegangen bin. Aber ich bin auch irgendwie neugierig zu erfahren, wie er das heikle Thema Trinkgelder anpacken will. Denn ich glaube, dass das auch viel über den Charakter meines Guides aussagt und so ziehe ich es deshalb erst einmal vor, den Unwissenden zu spielen. Gasper hat darauf natürlich nur gewartet. Mit süffisantem Grinsen und dem irren Blick eines Großwildjägers, der seine Beute fest im Fadenkreuz hat und gedanklich bereits die Trophäe über dem Kamin aufhängt, präsentiert er mir selbstbewusst seine Entscheidungshilfe: Ein kleiner Notizzettel mit seinen Vorschlägen, den er mit einer dynamischen Handbewegung aus seiner Jackentasche zaubert und mir unter die Nase hält.

• Gasper (Guide): 25-30 US-Dollar pro Tag
• Juma (Koch): 15-20 US-Dollar pro Tag
• Hasani (Bedienung): 12-15 US-Dollar pro Tag
• Japhet (Träger): 10-12 US-Dollar pro Tag
• Wilson (Träger): 10-12 US-Dollar pro Tag + 30 $ extra für das Tragen der Torte

Wow. Guide Gasper hat es faustdick hinter den Ohren. Das stolze Ergebnis seines Vorschlages: 462 US-Dollar. Beziehungsweise 564 US-Dollar, wenn ich mit dem Team sehr zufrieden bin, wie er mir bereitwillig und mit einem kurzen Augenzwinkern zu verstehen gibt. Selbst für eine Gruppe Klienten, die sich das Trinkgeld aufteilt, eine stattliche Summe. Und obwohl ich weiß, dass gerade die Träger größtenteils von den Trinkgeldern leben, finde ich es eine bodenlose Frechheit. Ich bin regelrecht beleidigt, weil ich mich nicht gern verarschen lasse. Nicht einmal die eigene Vereinigung „Kilimanjaro Porters" ist so unverschämt und wedelt mit solch utopischen Zahlen um sich. Entweder denkt er, ich bin total blöd, bin Rockefeller oder beides zusammen. Jedenfalls mache ich gute Miene zum bösen Spiel, nehme seinen Zettel höflich an mich und erkläre ihm, dass ich eine Nacht drüber schlafen möchte. Normalerweise würde ich mich leicht angesäuert und mit einem faden Beigeschmack in meinen Schlafsack verziehen. Aber nicht heute. Heute ist mein Geburtstag. Heute stand ich auf dem Gipfel des Kibos. Heute werde ich mir diesen besonderen Tag bestimmt nicht vermiesen lassen. Nicht von Guide Gasper und erst recht nicht von ein paar lausigen Dollar. Stattdessen mache ich es mir in meinem Zelt gemütlich und grinse breit in mich hinein. Grinse beim Gedanken an meine außergewöhnliche Tour am Mount Kilimanjaro, die zur unerwarteten Tortur, einer echten Zerreißprobe wurde und die jetzt in meinem Zelt, eingebettet zwischen zwei Rucksäcken und im Rhythmus der flackernden Taschenlampe an der Decke, langsam ihrem Ende entgegen schunkelt.

SAMSTAG – TAG 6: ABSTIEG MWEKA GATE UND MOSHI

Um viertel vor sechs treibt mich meine Blase aus dem Bett. Traurig bin ich darüber nicht, denn zum einen konnte ich eh die halbe Nacht nicht richtig schlafen, zum anderen bin ich überglücklich, dass ich nach mehr als dreißig Stunden wieder pinkeln muss. Ein echt gutes Zeichen. Bis auf meine Pionierblase geht es mir heute Morgen blendend und ich bin allerbester Laune. Die dröhnenden Kopfschmerzen, der Säuferblick, die Bauchschmerzen und alle anderen Symptome, die mich die letzten Tage so gequält haben, sind wie ausgelöscht. Nichts, aber auch wirklich nichts, bis auf dicke Augenringe und ein paar hässliche Blasen an den Füßen, erinnert noch an die Schinderei am Berg. Nichts erinnert noch an das, was sich laienhaft Höhenkrankheit schimpft. Und während ich pfeifend und nur mit meiner Stirnlampe bewaffnet durch das dunkle Camp irre, immer auf der Suche nach einem erlösenden Klo, nutze ich die Gelegenheit, um mir nochmal Gedanken über Gasper und die Trinkgeldsituation zu machen.

Zurück am Zelt renne ich Gasper direkt in die Arme und wundere mich sofort, warum er schon so früh wach ist. Sonst habe ich diesen Kerl selten vor sieben zu Gesicht bekommen. Anscheinend hat ihn die weltbewegende Frage nach dem Trinkgeld um den Schlaf gebracht, denn kaum bin ich in meinem Zelt, quatscht er mich sofort ungeduldig darauf an. Freundlich erkläre ich ihm, was ich mir für ihn und das Team überlegt habe und warum ich wem was geben möchte. Damit ersticke ich auch mit Nachdruck sofort jede Diskussion. Wichtig ist für mich trotzdem, dass beide Seiten ihr Gesicht wahren können. Ich möchte mich nicht wie ein dummer Tourist verarschen lassen und Gasper will für sein Team natürlich auch nur das Beste. Also gebe ich dem gesamten Team 200.000 Tansania-Schilling, was umgerechnet in etwa 125 US-Dollar sind. Zusätzlich bekommt Wilson noch seine vereinbarten 30 US-Dollar dafür, dass er das Risiko auf sich genommen hat und mich gestern bis auf den Gipfel begleitet hat. Alles in allem fair, wie ich finde. Abgesehen davon habe ich eh nicht mehr Bargeld dabei. Für Gasper, mit dessen Leistung ich zum Ende der Tour hin einige Male unzufrieden war, habe ich mir trotzdem etwas Besonderes überlegt. Er bekommt zusätzlich noch meine rote Adolf Dassler Daunenjacke, weil ich bemerkt habe, dass er sich am Gipfeltag die Jacke von Hasani ausleihen musste. Des Weiteren überlasse ich ihm mein Deutsch-Englisch Wörterbuch und für das restliche Team einiges von meinem Equipment. Diese extra Präsente tun mir nicht weh. Im Gegenteil, Ausrüstungsgegenstände sind als Alternative und Ergänzung zum Trinkgeld von den Jungs gern gesehen, weil diese entweder selbst genutzt oder wunderbar zu Bargeld gemacht werden können. Mein Plan geht auf. Guide Gasper freut sich über seine Geschenke und ich werde den Eindruck nicht los, dass ihm der Rest seines Teams auf einmal gar nicht mehr so wichtig ist. So viel zum Charakter.

Gut gestärkt durch das üppige Frühstück, geht es dann gegen neun Uhr los. Ziel ist das Mweka Gate auf 1.800 Metern. Von dort aus soll es mit dem Auto weiter nach Moshi gehen, wo meine Tour dann offiziell endet. So ist jedenfalls der Plan laut Gasper, der mit seiner schicken neuen Jacke stolz durch das gesamte Camp flaniert. Ich freue mich irgendwie für ihn und hätte gern noch mehr von meiner Ausrüstung und Kleidung an die Teammitglieder verschenkt. Aber leider war alles andere nur von Freunden und Familie geborgt oder für den Rest meines Afrikaaufenthaltes unabkömmlich. Für den sehr unwahrscheinlichen Fall, dass ich mir so eine Tour der Qualen noch einmal antue, nehme ich mir fest vor, diesbezüglich besser präpariert zu sein. Doch noch bin ich nicht mal richtig von diesem einen Berg runter. Noch geht es jetzt erst mal zu Fuß weiter in Richtung Mweka Gate. Immer im Gepäck: ein lachendes und ein weinendes Auge.

Zum einen bin ich froh, endlich den Berg verlassen zu können. Dabei freue ich mich am meisten auf eine warme Dusche, ein anständiges WC und ein gemütliches Bett. Auf der anderen Seite bin ich auch traurig, dass mein Kilimandscharo-Abenteuer jetzt bald vorbei sein soll. Es ist fast so, als würde ich einen liebgewonnenen Freund in der Wildnis zurücklassen, während ich gezwungenermaßen in die schnöde Zivilisation aufbreche. Aber noch ist es nicht soweit. Noch bin ich am Berg. Noch kann ich jede Minute mit ihm voll auskosten.

Nach nur wenigen hundert Höhenmetern tauchen wir wieder in den unvergleichbaren tropischen Regenwald ein. Und auf meinem Weg bergab bleibe ich immer wieder fasziniert stehen. Sauge die Umgebung förmlich in mich auf. Denn wohin ich auch schaue, überall findet man die typische Regenwaldvegetation, bestehend aus einer Vielzahl von Pflanzen, vor allem Flechten, Moosen, Baumfarnen und riesigen Laubbäumen. Alles erstrahlt in einem kräftigen und saftigen Grün. Mittendrin jagen sich allerhand prächtige, schwarz-weiße Colobusaffen lautstark durch das Geäst der Laubbäume. Ein Spektakel, dem ich stundenlang zusehen könnte. Durch eine Lücke in den Baumkronen sieht man die schneebedeckten Hänge des majestätisch aufragenden Kibos. Einfach unvorstellbar, wie weit dieser nun entfernt ist. Einfach unvorstellbar, dass ich noch vor vierundzwanzig Stunden dort oben stand. Und welch Widerspruch, welch entsetzliche Unwirklichkeit, dass solch bedrückende, unvorstellbare Schönheit gleichzeitig derart gefährlich sein kann. Eine Gefahr, die ich noch vor einigen Stunden deutlich zu spüren bekam und an die dieses atemberaubende Panorama einen unbefleckten Beobachter nicht einmal im Traum denken lässt. Wie auch, es wäre gelogen, wenn ich auch von mir etwas anderes behaupten würde. Mir ging es genauso. Man steht im Regenwald und schaut sich diese in weiß getünchte Bergspitze an, fantasiert über eine gemütliche Winterwanderung und einen kolossalen Ausblick über die unendlichen Weiten Afrikas und verschwendet nicht einen müden Gedanken an die physischen und psychischen Grenzen, die diese Höhe jedem einzelnen aufzeigt. Nicht einen einzigen Gedanken an den Tribut, den dieser Berg von den jährlich tausenden Bergtouristen fordern könnte. Doch das Perverse ist, dass ich nun in sicherer Entfernung und mit dem einzementierten Vorsatz, so schnell nicht wieder auf irgendeinen beknackten Berg zu klettern, trotzdem schon diese unwirkliche Wirklichkeit vermisse. Diesen Nervenkitzel der Grenzerfahrung, den dieser Berg mir geschenkt hat. Dabei ist es weniger dieser Berg, als vielmehr das damit verbundene Abenteuer, das den Reiz für mich ausmacht, das Suchtpotenzial bietet und mir beim Anblick des Kibos durch die Lücken der Baumkronen hindurch ein fettes Grinsen ins Gesicht zaubert.

Mittlerweile hat mich auch mein leicht dicklicher Freund wiederentdeckt. Nennt mich ruhig paranoid, aber mal ehrlich, so ein riesiger Berg und dann rennt er samt Anhang mir erst am Gipfel über den Weg, dann stehen deren Zelte gestern im Camp neben meinem und jetzt rückt er mir auch nicht mehr von der Pelle. Das kann doch kein Zufall sein, oder? Anscheinend war ich wieder mal zu freundlich. Ja, das wird es sein. Wie sich schnell herausstellt, ist seine Frau gar nicht seine Frau. Er, Franzose, heißt David mit kurzem i, ist Wahlamerikaner und gerade auf Selbstfindungstrip. Interessant, wie ich finde. Und so steigen wir gemeinsam weiter ab, während wir uns die Zeit mit allerhand oberflächlichem Gesprächsstoff vertreiben.

Gasper hat mir am ersten Tag im Regenwald erzählt, dass dieses Gebiet des Kilimandscharos oft feucht und wolkig ist. Außer heute, da scheint das nicht zuzutreffen, denn der Himmel ist strahlend blau und wolkenleer. Auch von Regen keine Spur, dafür muss es hier aber in der letzten Zeit umso mehr geregnet haben. Die Böden sind völlig aufgeweicht und regelrechte Schlammlöcher, die dafür sorgen, dass wir wie auf Eiern den Berg runterkraxeln. Die Träger stört das wenig, als sie mit einem Affenzahn und meist nur mit einfachen Turnschuhen an uns vorbeischlittern. Sie schnaufen, schwitzen und pfeifen Lieder vor sich her. Man sieht ihnen förmlich an, dass sie sich freuen, endlich vom Berg zu kommen. Dass sie sich freuen, unversehrt zu ihren Familien und Freunden zurückzukehren.

Der schmale Trampelpfad trifft nach über dreieinhalb Stunden auf eine mit Schotter befestigte Forststraße. Jetzt kann es nicht mehr weit zum Gate sein. Die Zeit ist im Gespräch rasend schnell vergangen. Während mein neuer Kumpel, der Wahlamerikaner, und ich noch quatschen, donnert das Rettungsfahrzeug an uns vorbei, um einen weiteren Bergsteiger vom Berg abzutransportieren. Bei diesem Anblick steigen in mir kurzfristig erneut die miesen Bilder und Gefühle des Gipfeltages wie Magensäure die Speiseröhre hoch. Es ist weniger als 24 Stunden her, aber dessen bitterer Beigeschmack liegt mir immer noch auf der Zunge. Gut, dass mir diese unehrenhafte Jeep-Fahrt letztendlich erspart blieb. Gut, dass ich als Herr meiner eigenen Sinne und auf meinen eigenen Beinen stehend, den Berg verlasse und nicht wie jährlich über 20 Touristen in einer Holzkiste. Und so lege ich diese Gedanken schnell wieder ab. Schmeiße sie in die Mülltonne wie ein altes, zerlöchertes Paar Wandersocken und gehe vergnügt weiter.

Da ist es, das Mweka Gate. Das hier ist wahrlich ein Sammelbecken für alle Touren, die sich in den letzten Tagen am Berg rumgetrieben haben. Die Anzahl an Menschen, die hier scheinbar unkontrolliert wie ein Haufen Ameisen durcheinanderlaufen, überrascht mich. Da haben wir Klienten, ihre Bergführer, Köche und Träger, dazu noch Unmengen an Ausrüstung. Alle wuseln kreuz und quer und scheinen sich zu freuen, endlich den Dreck von den Jacken abklopfen und sich anschließend in alle vier Himmelsrichtungen verstreuen zu können. Doch bevor es soweit ist, bevor ich nach Moshi aufbrechen kann, muss ich wie alle anderen Klienten auch ein letztes Mal meinen „Kaiser Wilhelm“ in das Park-Buch eintragen. Dieser dynamische Kugelschreiberabdruck dient als offizieller Beweis, dass der Typ, der vor sechs Tagen den Park am Machame Gate betreten hat, auch wirklich den Kilimanjaro National Park verlässt und nicht irgendwo im Nirgendwo verschollen ist. Nicht unrasiert mit den Diademmeerkatzen von Baum zu Baum springt oder sich am Boden einer Fels- und Gletscherspalte für immer zum Schlafen gelegt hat. Geduldig reihe ich mich ein und lasse die Prozedur über mich ergehen. Anschließend lässt Gasper mich wieder, wie auch schon vor sechs Tagen am Machame Gate, in einem Holzverschlag warten und ich ergreife die Chance, um in weniger als einer Viertelstunde mein Lunchpaket restlos aufzufuttern und um meine schlammverschmierten Wanderstiefel für zwei Dollar blitzeblank putzen zu lassen. Die Hetzerei hätte ich mir aber getrost sparen können. Geschlagene zwei Stunden sitze ich in diesem Holzverschlag fest, während sich das Mweka Gate immer mehr leert. Ein allradbetriebener Jeep oder Laster nach dem anderen bricht mit den restlichen Teams und Klienten auf. Fast hätte ich die Hoffnung schon aufgegeben, zumal von meinem Guide wieder mal jede Spur fehlte, was bei diesem recht überschaubaren Sammelpunkt schon nahezu unmöglich ist, bis auch ich endlich von ihm abgeholt werde. Von einer Mitfahrgelegenheit fehlt jedoch immer noch jegliche Spur. Die Erklärung folgt auf dem Fuße. Wie sich herausstellt – und wie sollte es auch anders sein – hat es der gute, alte Toyota meiner Company nicht mehr ganz bis zum Gate geschafft und versucht seit über einer Stunde den matschigen und tiefspurigen Weg hinaufzukommen. Es bleibt uns also nichts weiter übrig, als dem geländeuntauglichen Vehikel einen Kilometer entgegenzugehen. Meine frisch geputzten Wanderstiefel freut das natürlich ungemein. Sie versinken wieder im zentimeterdicken Schlamm. Aber besser das, als noch eine weitere Stunde sinnlos am Gate zu warten oder gar den ganzen Weg nach Moshi zu Fuß zurücklegen zu müssen. Darauf habe ich gerade überhaupt keine Lust. Zum Glück haben Gasper und ich die Möglichkeit, mit dem Auto zu fahren. Ganz im Gegenteil zum unglücklichen Rest meines Teams, das tatsächlich schon seit über einer Stunde zu Fuß nach Moshi unterwegs ist. Eine Viertelstunde später sitze ich mit meinem Guide wieder im nostalgischen Taxi Marke Toyota und verfolge gespannt, wie der Fahrer das schlitternde Auto gekonnt über die rutschigen Bergstraßen manövriert und lausche dem Poltern des Unterbodens, wenn dieser krachend aufsetzt. Anschließend geht es über idyllische und größtenteils gut befestigte Straßen weiter in Richtung Moshi. Wieder vorbei an riesigen Kaffeeplantagen, versteckten Bananenplantagen und vielen einheimischen Kindern, die, angezogen mit ihren grünen oder blauen Uniformen, entweder gerade auf dem Weg von der Schule oder aus der Kirche zu ihren Hütten zurückströmen. Während die Natur so an uns vorbeirauscht und wir an ihr, sind die Fenster des Taxis weit aufgerissen. Denn der beißende Schweißgeruch von sechs Tagen Kilimandscharo im Innenraum ist zu penetrant, um ihn auch nur noch eine Sekunde länger ignorieren zu können. Der Fahrer sieht das offenbar ähnlich und tritt das Gaspedal wieder bis zum Bodenblech durch und kümmert sich auch wenig um das emotionale Aufschreien des Getriebes, das lautstark gegen sein halbherziges Auskuppeln protestiert.

Nach zwei beinahe Unfällen und mit einer heiseren Autohupe, erreichen wir wohlbehalten Moshi, den Ausgangspunkt meiner Kilimandscharo-Besteigung und das selbstgewählte Hauptquartier meines Afrika-Trips. In Moshi angekommen, hole ich mir erst einmal mein restliches Gepäck im Büro der Company ab. Dort erwehre ich mich auch endgültig und definitiv zum allerletzten Mal meiner Geburtstagstorte, deren Überreste mich anscheinend verfolgen und mir, wie von Geisterhand getrieben, bis nach Moshi nachgereist sind. Und weil bekanntlich sechs nicht sieben sind, ich aber für sieben Tage am Berg gebucht und bereits bezahlt habe, nutze ich die Gelegenheit, um bei Freddy, dem Tourmanager, ein gutes Wort für meine leicht lädierte Reisekasse einzulegen. Nach kurzer Verhandlung einigen wir uns gewohnt freundlich darauf, dass ich keine Lust habe auf irgendeine weitere, für mich „kostenlose“ Urlauberattraktion und er mir stattdessen zwei Übernachtungen in einem Hotel bezahlen darf. Spontan legen wir uns auf das Haria fest, ein Hotel im Zentrum, das ich mir bereits an meinem ersten Tag in Moshi angeguckt und für gut befunden hatte. Es ist zwar nicht das Adlon und mit dieser ganzen Aktion habe ich gerade einmal 50.000 TZS gespart, aber eins ist mir damit sicher: ein Platz zum Pennen für die nächsten zwei Tage.

Im Hotel genieße ich endlich wieder den Luxus einer warmen, entspannenden Dusche. Kaum, dass ich den Dreck und Gestank der letzten Tage mit ordentlich Seife abgeschrubbt habe, klopft es auch schon wieder an meiner Tür. Es ist Guide Gasper. Er hat immer noch seine rote Adolf Dassler Jacke an, die er jetzt sogar bei über 25 Grad im Schatten spazieren trägt.

Mich freut es, dass er mein Geschenk so sehr wertschätzt. So sehr, dass er dem ungeachtet riskiert, einen Hitzeschlag unter der sengenden Wintersonne Afrikas zu bekommen. Aber der eigentliche Grund seines Besuches ist die festliche Übergabe meiner Besteigungsurkunde. Beim ersten Blick auf diese muss ich spontan loslachen, denn obwohl ich ihm meinen Namen extra aufgeschrieben hatte, strotzt dieser nur so vor Rechtschreibfehlern. Als ich ihn dezent darauf hinweise, ist es Gasper sichtlich peinlich und unter seinem braunen Teint läuft er puterrot an. Er macht augenblicklich auf der Türschwelle kehrt, entschuldigt sich dreimal für seinen Fehler und will mir sofort eine Neue ausstellen. Niemals. Noch bevor er im Treppenhaus verschwinden kann, rufe ich meinen Guide schnell wieder zurück. Denn mir gefällt diese Urkunde genau deshalb. Genau wegen dieser Fehler, die diese Urkunde so einzigartig und authentisch machen. Diese Urkunde gebe ich nicht mehr her. Das begreift jetzt auch langsam Gasper und grinst mich verschmitzt an.

Nachdem ich mich bei Gasper nochmal dafür bedankt habe, dass er mich, allen Widrigkeiten zum Trotz, heil in einem Stück bis auf den Gipfel und wieder zurück gebracht hat, beschließe ich eine kleine Stadttour zu machen, um das herrliche afrikanische Winterwetter in irgendeinem Café oder Restaurant ausgiebig zu genießen. Entspannt schlendere ich durch Moshi Town. Auf den Straßen pulsiert das Leben, während ich mich im Nahkampf an unzähligen Straßenhändlern vorbeidrängeln muss. „My friend“ tönt es aus allen Richtungen. Dabei fällt mir auf, dass ich noch nie so viele angebliche Freunde hatte wie hier in Moshi. Aber ich mag diesen engen, typisch afrikanischen Kontakt zu den Einheimischen. Und mit einem freundlichen Lächeln sowie meiner Geheimwaffe „Hapana Hasante“, was irgendwas wie „Nein, vielen Dank“ bedeutet, halte ich mir auch den hartnäckigsten Händler vom Hals. Bekannte in Deutschland oder Leute, die ich hier kennengelernt habe und die mir von ihren Erlebnissen in Ostafrika berichtet haben, meinten übereinstimmend, dass man dieses Land und dessen Kultur entweder lieben oder hassen kann. Ich gehöre eindeutig zu denen, die Afrika und davon insbesondere Kenia und Tansania, auf ewig in ihr Herz geschlossen haben. Und auch wenn das Abenteuer Safari und das Abenteuer Kilimandscharo für mich an dieser Stelle endgültig vorbei sind, gilt das für mein Tansania-Abenteuer noch lange nicht. Fünf Tage bleiben mir noch. Fünf Tage in diesem faszinierenden Land, in dem es viele exotische Dinge gibt, weit ab von den Touristenströmen, die allesamt noch bestaunt und entdeckt werden wollen. Aber nur keinen Stress, den hatte ich ja gerade in meinem Urlaub zur Genüge, bei der Besteigung dieses Sandkorns namens Kibo in der afrikanischen Steppe. Und so bleibe ich vorerst in der populären Kilimanjaro Coffee Lounge hängen und suche mir draußen einen sonnigen Platz auf einer dieser Achtzigerjahre-Sofagarnituren. Gemütlich lasse ich mich in die weichen Kissen des Sofas sinken, strecke die Beine aus und fahre mit meinen blasenverzierten Füssen durch das satte, grüne Gras der Kilimanjaro Coffee Lounge. Und während sich das koffeinhaltige Heißgetränk in meinem Bauch verteilt, lasse ich das Erlebte der letzten Tage noch mal Revue passieren. Beiße in meinen Hamburger, der mit Abstand der schlechteste ist, den ich je gegessen habe und bin glücklich.

BACK FROM „KILI“ UND DANN?

Moshi ist zwar ein sehr idyllisch gelegenes 200.000 Einwohner Städtchen am Fuße des in der Ferne imposant aufragenden Kilimandscharos und auch neben Arusha das unbestrittene Zentrum für alles rund um Safaris und Bergbesteigungen, aber vor allem ist es nach ein paar Tagen eins: stinklangweilig. Da nützt es auch nichts, wenn dich die Stadtführer und Touristenschlepper mit Engelszungen umgarnen, um dir einen weiteren Tagesausflug zu irgendeinem achten, bisher noch unbekannten Weltwunder aufschwatzen wollen. Wasserfälle, weitere Parkeingänge, Seen, Schlangenfarmen oder Kaffeeplantagen – glaubt man den geschäftigen Touristenschleppern, dann ist das alles ein Muss. Aber MUSS man das wirklich gesehen haben? Definitiv nicht. Denn alles was nach der heroischen Besteigung des Kilimandscharos kommt, scheint nicht mehr zu sein als eine laue Kaffeefahrt für Rentner, bei der einem immer die beste und einzigartigste Rheumadecke auf der ganzen Welt verkauft werden soll. Aber das muss natürlich jeder selbst entscheiden. Mich persönlich nerven diese inszenierten „Touristenfallen“ der Tourveranstalter und es langweilt mich, wenn auf Krampf versucht wird, noch das letzte bisschen Kohle aus den gutmütigen Urlaubern zu pressen. Moshi war für mich einfach genial, um von hier aus mein Tansania-Abenteuer zu beginnen. Die optimale Basis für meine Safari- und Kilimandscharo-Tour. Aber jetzt fühlt es sich nur wie ein alter, ausgeknatschter Kaugummi an. Es muss etwas Frisches her. Etwas Neues und Aufregendes. Schließlich bin ich nicht hier, um mit meinem Arsch an der Pool- oder Hotelbar festzuwachsen und dabei sportlich motiviert Unmengen an süffigem Bier in mich rein zuschütten. Ich bin immer noch hier, um Land und Leute zu erleben. Auch wenn dies bedeutet, dass ich wieder meine Wohlfühlzone in Moshi verlassen muss und in eine unbestimmte Ungewissheit weiterziehe. Da trifft es sich gerade sehr gut, dass ich in Dismas, meinem Guide von der Camping-Safari und dem Besitzer von African Ambition Tours, einen Freund gefunden habe, der in Arusha lebt. Und der mir herzlich angeboten hat, ihn – vorausgesetzt, ich komme unbeschadet zurück – nach meiner Bergbesteigung zu besuchen. Also nutze ich den Segen der modernen Technik, chatte mit ihm via WhatsApp und wir verabreden uns für den morgigen Sonntag am Busbahnhof in Arusha. Arusha liegt am Fuße des Mount Merus, jenem Berg, dessen Gipfel mich auf meiner „Kili"-Tour immer so verschmitzt wie eine Insel mitten im Wolkenmeer angelächelt hat. Ich weiß zwar bisher noch nicht, was ich dort eigentlich machen soll oder wie genau ich es anstellen soll, um die achtzig Kilometer von Moshi bis Arusha zu kommen, aber es ist mir auch völlig egal. Ich lasse mich einfach wie eine Feder im Wind von den Gelegenheiten, die sich mir eröffnen, treiben und beschließe, mir meine Spontanität nicht durch irgendein absurdes und dümmliches Pläneschmieden zu beschneiden: Arusha, I am coming.

Herrlich. Nach fünf schlaflosen Nächten im kalten, kleinen und ungemütlichen Zelt habe ich wie ein Toter auf meiner großen und gemütlichen Federkernmatratze im Haria gepennt. Und die Dusche erst mal: warmes, unbegrenztes Wasser aus der Leitung, statt einen halben Liter in der Plastikschüssel und unverschämte Geier, die über mir kreisen und nur darauf lauern, dass ich mein einziges Stück Seife für eine Sekunde aus den Augen lasse. Ja, ja, ich bin schon ein echtes Weichei, den der fast unbegrenzte Wohlstand in Deutschland zu einem regelrechten Krüppel seiner eigenen Instinkte gemacht hat. Dessen bin ich mir voll bewusst. Das hat mir diese kleine „Kili"-Tour verdeutlicht. Umso befriedigender ist es, einfach mal aus dieser omnipräsenten Zivilisation auszubrechen und sich mit der ungeschminkten Natur auseinanderzusetzen. Sich nicht täglich die Haare zu waschen, geschweige denn zu duschen. Sondern entspannt dabei zuzusehen, wie sich die Barthaare unkontrolliert ihren Platz im sonst so glattrasierten Gesicht zurück erobern. Aber allem Wehmut zum Trotz, der „Kili" ist für mich Geschichte. Stattdessen krame ich meinen Krempel im Hotelzimmer zusammen und trabe ohne Frühstück zum zentralen Busbahnhof in Moshi, drücke dem Busfahrer 4.000 Tansania-Schilling in die Hand und besteige einen der riesigen, alten Express-Busse nach Arusha. Als Einziger nehme ich in der ersten Reihe, direkt neben dem Eingang Platz, meinen Rucksack auf meinem Schoß und die schwere Transporttasche irgendwo ganz hinten auf der Ablage der letzten Reihe verstaut. Gerade als ich denke, ich wäre tatsächlich der einzige Gast und der dickliche Busfahrer mit seinem schwarzen Käppi mein ganz persönlicher Chauffeur, geht die Tür erneut auf und eine weitere Touristin und ein afrikanischer Geschäftsmann steigen ein. Doch was dann geschieht, kann man schwer beschreiben. Man muss es einfach einmal miterleben. Anscheinend wird jetzt der Bus für die Allgemeinheit, für das „niedere" Volk freigegeben und ein geschäftiger Schleuser stopft einen Fahrgast nach dem anderen durch die enge Tür des Busses. Der Bus ist voll. Dachte ich zumindest, denn alle Sitzplätze sind belegt und die Leute sitzen sogar noch in Zweierreihen im Gang. Der Schleuser hat jedoch andere Pläne und lotst immer mehr Leute in den überfüllten Bus, sehr zum Missfallen einer Polizistin, die wie wild mit einem Holzknüppel auf die Leute eindrischt. Alles nur einfache Passanten, die ihrer Meinung nach die unverfrorene Frechheit besitzen und weiterhin zum Bus strömen. Als dann auch der Schleuser gekonnt einen mit dem Knüppel über den kahlrasierten Schädel gezogen bekommt, scheint die Situation zu eskalieren und der Busfahrer gibt hektisch Gas. Gibt Gas und verlässt den menschenüberfüllten Busbahnhof. Jedoch nur, um weiter hinten wieder erneut aufzufahren und weitere vier bis fünf Leute, ein paar Getreidesäcke und gestresste Hühner in den Bus zu stopfen. Als die Polizistin wutentbrannt und kompromisslos auf alles einhaut, was auch nur schief in die Nähe des Busses guckt, geht die Fahrt Richtung Arusha endlich los. Und ich bin dabei. Eingepfercht von meinem Sitznachbarn und an die Seitenscheibe gedrückt von einem korpulenten, leicht säuerlich riechenden Typen, der sich halb über mich gebeugt hat und versucht, irgendwo im maßlos überfüllten Bus Halt zu finden.

Arusha, here I am. Zwar mit über einer Stunde Verspätung, aufgrund von einigen planmäßigen Stopps des Busfahrers und außerplanmäßigen Stopps des „Express"-Busses, aber immerhin rattern wir über die Straßen Arushas bis auf den quirligen, unübersichtlichen Busbahnhof. Etliche Straßenhändler drängen sich sofort an den Bus und strecken mir Obst und Schmuck entgegen, während die Fahrgäste geordnet aus dem Bus strömen. Stress kommt erst auf, als ich realisiere, dass hinten im Bus die Fenster aufgerissen werden und ein Typ das Gepäck im hohen Bogen durch die Fenster schleudert. Wäre nicht meine eigene Tasche gerade hinten im Bus, ich wäre die Ruhe in Person. Stattdessen drängle ich mich rücksichtslos an den aussteigenden Fahrgästen vorbei und sichere gerade noch meine Tasche. Was für ein Stress. Stress, der noch verstärkt wird, als ich am Ausstieg des Busses gehindert werden soll. Mit dem Hinweis, dass ich doch warten solle und sofort jemand kommt, der mich abholen würde, stellen sich mir der Busfahrer und eine unbekannte, korpulente Dame in den Weg. Da ich aber keinen Typen mit dem Namen Brain kenne, diskutiere ich nicht lange, drücke mich an ihnen vorbei und verlasse den Bus, um Dismas zu finden oder zumindest seinen Jeep zu suchen. Ziemlich plan- und orientierungslos irre ich über den vielbefahrenen und geselligen Busbahnhof und erwehre mich gegen die Angebote der penetranten Taxi- und Motorradfahrer sowie der unzähligen Straßenhändler, die nicht müde werden, mich permanent anzusprechen. Doch eine halbe Stunde und zwei Telefonate später – nachdem ich erneut diesen Brain weggeschickt habe, der mich angeblich abholen sollte – sitze ich bei Dismas im Auto und wir düsen zu ihm nach Hause, wo bereits seine Schweizer Freundin auf uns wartet. Drei Toastbrote, wiederum eine Stunde im Internet und einige Anrufe bei Fluggesellschaften später, steht mein Entschluss fest: Ich bleibe die restlichen Tage meiner Reise in Arusha. Warum? Ganz einfach. Meine Idee vielleicht noch nach Dar es Salaam oder nach Sansibar zu reisen, hat sich in dem Moment zerschlagen, als ich realisierte, dass die Express-Busse für die 600 km nach Dar es Salaam eine halbe Ewigkeit benötigen und keine Flüge mehr zu kriegen sind, die es mir garantiert hätten, pünktlich zum Rückflugtermin am Kilimanjaro International Airport zu sein. Klar, der Bus wäre immer noch eine Alternative gewesen und hätte ich noch einen weiteren Tag gehabt, hätte ich diesen abenteuerlichen Roadtrip gern gemacht. Aber so, bei insgesamt 24 Stunden im Bus und nur einem Tag für Sansibar und Dar es Salaam, ist es mir das nicht wert. Schließlich bin ich ja kein Mitglied in einer japanischen Reisegruppe, die sich Tanzania in nur einer Woche anguckt und dabei mit dem Bus wie bei einem Viehtransport durch das ganze Land gekarrt wird. Nein, da verlebe ich lieber noch ein paar entspannte Tage mit Freunden in Arusha und erkunde, was diese am stärksten expandierende Stadt Tansanias für mich zu bieten hat.

Die letzten drei Tage vergehen wie im Zeitraffer. Nachts erkunde ich ein paarmal mit Dismas und seinem Bruder Bruno Arushas Nachtleben. Wir streifen durch versteckte Bars und urige Diskotheken, an deren Eingang uns Türsteher mit Metalldetektoren begrüßen und in deren Inneren die „Big Mamas" mir, dem einzigen Weißen, mit lasziven Blicken zuzwinkern und mit provokantem Arschwackeln das Blut der einheimischen Jungs zum Kochen bringen. In den Diskotheken ist es fast so wie in einem schlechten Western, in dem der Fremde Gringo die Bar betritt, augenblicklich die Musik aufhört zu spielen und sich die Gesellschaft geschlossen zur Tür umdreht. Echt skurril. Kurzfristig bekomme ich einen kleinen Eindruck davon, wie Afrikaner sich bei uns in Deutschland fühlen müssen. Denn hier im Herzen Tansanias bin ich der Ungleiche unter Gleichen, bin ich der weiße Farbtupfer im schwarzen Kontinent.

Tagsüber erkunde ich mit Dismas per Jeep die Stadt oder streife umtriebig zu Fuß wie eine Wildkatze durch Arushas Haupt- und Nebenstraßen. Manchmal beabsichtigt, doch meistens unfreiwillig, weil ich mich hoffnungslos verlaufen habe, irre ich umher und sauge das Leben, die Umgebung und die Kultur wie ein Schwamm in mich auf, auch und gerade wenn ich mich wieder einmal in die Wohngebiete der weniger Betuchten verlaufen habe. Ich verbringe sogar einen halben Tag mit Dismas auf einer versifften, dreckigen und doch so typischen Hinterhof-

Werkstatt. Dort bestaune ich die fast schon magischen Fähigkeiten der Mechaniker, wie sie dort scheinbar sorglos unter freiem Himmel aus Autos, die bei uns höchstens noch das Antlitz einer Schrottpresse zu Gesicht bekommen hätten, wieder fahrtüchtige Meisterstücke der Automobilkunst zaubern. Und das Ganze natürlich auch noch unter widrigen Bedingungen, die einen deutschen Arbeitsschutzbeauftragten ohne Weiteres in akute Schnappatmung versetzt hätten.

Wenn ich einmal nicht auf Erkundungstour bin, dann gehe ich meinem Lieblingshobby nach: dem genussvollem Essen. Dismas zeigt mir in Arusha einige kleine Lokale, weit abseits der westlich geprägten Touristenattraktionen. Dort versuche ich mich am „Local Food", der traditionell einheimischen Küche, mit all seinen Sitten und Bräuchen. Zugegeben, man sollte lieber niemals zu genau hinsehen, wo und wie die Speisen zubereitet werden. Zum Glück ist mein Magen einigen Kummer gewöhnt und Dismas hat das Zeug bereits mit der Muttermilch aufgesaugt. Deshalb versuche ich meine „Was der Bauer nicht kennt..."-Mentalität auszublenden und so viel wie möglich zu testen. Dabei verlasse ich mich bei der Auswahl der Speisen ausnahmsweise voll und ganz auf Dismas und seinem Urteil für kulinarische Höchstleistungen. Die erste große Hürde dabei ist, mich von meinen europäischen Tischgewohnheiten ein für alle Mal zu verabschieden. Kein Besteck, keine eigenen Teller. Nur die Finger, mit denen man allerhand Speisen von den Tellern und Schüsseln zusammenkratzt, das Ganze in eine Soße tunkt und dann versucht halbwegs unfallfrei in den Mund zu bugsieren. Aber nicht alles, was ich mir in meinen Mund stopfe, bringt auch meinen Gaumen zum Grinsen. Einige Sachen sind sogar ein echter Härtetest für meine Geschmacksknospen und würden meinen Körper am liebsten sofort wieder über die Öffnung verlassen, in die ich sie gerade noch reingestopft habe. Was zum Beispiel gar nicht geht, ist Pumba, ein gegrilltes und samt Knochen zerhacktes Warzenschwein. Eines dieser putzigen Tiere, die ich noch auf der Safari bestaunt habe und die hier jetzt ziemlich trostlos auf Coca Cola-Plastiktischen serviert werden. Noch unangenehmer ist ein ewig in Öl gebratenes, wirklich traditionell zubereitetes Hühnchen. Das ist zäh wie Leder und schmeckt als hätte das Huhn bereits die besten Jahre seines Lebens hinter sich gehabt, bevor es den Weg in die Küche fand. Andere Sachen wiederum wie ein Maisbrei namens Ugali, Backbananen oder verschiedene Gemüsesorten wie das blattspinatähnliche Mchicha sind wirklich lecker. Auch die Maiskolben, die überall am Straßenrand auf kleinen, unscheinbaren Feuerstellen geröstet werden, sind mit zirka 500 Tansania-Schilling günstig und machen ausgesprochen satt.

Schlafen muss ich natürlich auch irgendwo und wenn schon Backpacker, dann natürlich jede Nacht woanders. Angefangen bei der anspruchsloseren Monges A Lodge für läppische 15 US-Dollar über die komfortable Rafiki Lodge für 40 US-Dollar bis hin zur luxuriösen Ilboru Safari Lodge mit Pool für 100 US-Dollar pro Übernachtung. In Arusha findet man für jeden Geschmack und jeden Geldbeutel die passende und dringend benötigte Bleibe für die Nacht, selbst wenn man, so wie ich als Backpacker, kurzentschlossen das kleine, goldene Glöckchen an der Hotelrezeption läutet. „Hakuna Matata" – alles kein Problem. Und falls doch, dann ist es meist nur eine Frage des entsprechenden Trinkgeldes.

Arusha, I have to go. Ehe ich mich versehe, kreist die zweimotorige Boeing 737-700 über die hellerleuchtete Berliner Innenstadt, zieht in einem weiten Bogen vorbei am Berliner Fernsehturm und landet sanft auf dem Rollfeld des Airport Berlin Tegel. Da bin ich nun wieder. Back from Tansania. Weder Precision Airlines noch das Chaos auf dem teilweise abgebrannten Airport in Nairobi und erst recht nicht die Sicherheitsschleuse am Amsterdamer Airport Schiphol konnten mich aufhalten. Ich bin zurück im guten alten Deutschland. Zurück an alter Wirkungsstätte und doch nicht derselbe wie noch vor drei Wochen. Mit einem bewusst gepflegt-ungepflegten Bart, der die letzten Wochen in meinem Gesicht gewuchert ist und klobigen Wanderstiefeln, an denen noch der getrocknete Matsch des Kilimandscharos klebt sowie einer verdreckten Jeans und einem von der Sonne braun gegerbten Gesicht, sitze ich im Express-Bus vom

Airport zum Bahnhof Zoologischer Garten und fühle mich schon fast erschlagen von all den grellen Lichtern und Hochhäusern. Dabei ertappe ich mich dabei, wie ich unter all den verblassten Gesichtern mitten im Herzen Europas den einen, den einen besonderen Farbtupfer aus der anderen 6.000 km entfernten Welt suche. Suche und suche, aber ihn nicht finde. Und dann erst realisiere ich unwiderruflich: Das ist es gewesen, das Ende eines unvergesslichen Abenteuers. Das Ende meines Abenteuers.

UND, WIE WAR'S? WIE ICH MEINE REISE BEWERTE

Wenn du mich spontan fragst, wie ich meine Tansania-Reise mit nur einem Adjektiv beschreiben würde, dann ist meine Antwort klar: unvergesslich. Wenn du mich fragst, ob ich wieder als Backpacker in dieses Land gehen würde, dann hätte ich für dich nur ein breites, grimassenähnliches Grinsen übrig, das von einem Ohr bis zum anderen reicht. Wahrscheinlich würdest du dich dann nach spätestens einer Minute selbst fragen: Warum sagt der Typ nichts und grinst mich stattdessen so dämlich an? Ganz einfach, weil ich dann bereits wieder in Gedanken in eine ganz andere Welt eingetaucht bin. Weil ich dann gedankenschwanger mit dem Jeep durch die unendlichen, weiten Steppen der Serengeti donnere oder umgeben von Löwen im Zelt liege. Weil ich mir dann überglücklich ein Stück eklig zuckersüße Torte am Uhuru Peak in den Mund stopfen lasse oder weil ich fasziniert durch Moshis und Arushas Straßen schlendere. Aber „Ja", ich würde es wieder machen. Und wenn ich eins gelernt habe, dann, dass alles möglich ist. Es ist möglich, spontan und ohne Vorbereitung nach Tansania zu fliegen. Es ist möglich, sich dort selbstständig eine günstige Safari und Bergbesteigung zu buchen. Und es ist möglich, vogelfrei und völlig ungezwungen das Land zu erkunden. Klar, es kann auch mal hart und stressig sein, wenn man nicht genau weiß, wo man die Nacht schläft oder die nächste Mahlzeit herbekommt, aber genau das bietet dir die Chance auf Freiraum und bereitet den Nährboden für ein richtiges Abenteuer. Ein Abenteuer, das du nie vergessen wirst, ein Abenteuer, das mir mit einem Brandeisen fest in die Brust gebrannt ist. Selbst wenn du sagst, eine Safari oder die Besteigung des Kilimandscharos ist ja wohl mehr Abenteuer als genug. Warum auch nicht? Dann buch dir den ganzen Spaß gemütlich in Deutschland. Denn jeder Mensch ist bekanntlich anders und was für mich zu einem elementaren Erlebnis, zu einem einschneidenden Abenteuer dazu gehört, kann für dich schon jenseits von Spiel, Spaß und Spannung sein. Auch für mich war die Besteigung des Kilimandscharos über die Machame Route eine echte Grenzerfahrung. Eine Grenzerfahrung, die ich nicht missen möchte. Aber auch eine, die ich mit all den Problemen, mit denen ich zu kämpfen hatte, nicht einmal meinem schlimmsten Feind wünsche. Trotzdem würde ich die Reise weiterempfehlen, aber definitiv nicht für jeden. Um sich das alles anzutun, um auf einen fast 6.000 Meter hohen Hügel in Ostafrika zu kraxeln, musst du schon ein echter Abenteurer und auch etwas plemplem sein. Und wenn du jetzt das Buch bis hierhin gelesen hast, wie ich am Kilimandscharo zwischen elendigem Leid und unglaublichem Glück hin- und hergetaumelt bin und dich jetzt fragst, ob du dir diese Odyssee tatsächlich auch geben solltest und deine Gesundheit für ein popliges Freizeitabenteuer riskieren willst, dann sei gewarnt und eingeladen zugleich. Denn, wenn auch nicht gleich jeder wie ich so stark unter der Höhe leiden muss, eins ist Fakt: Die Besteigung des „Kili“ ist kein gemütlicher Wanderausflug am Sonntagnachmittag und bei Weitem kein Selbstläufer wie von den Medien gern mal propagiert. Das kann auch gefährlich sein und der Berg ist gewillt, dir auch gern mal seine hässliche Fratze zu zeigen. Aber wenn du es dann geschafft hast, tatsächlich auf dem ersehnten Gipfel stehst, den sagenhaften Ausblick genießt, während dir die kalte afrikanische Winterluft in die vor Stolz geschwellte Brust strömt, dann entschädigt das für alles. Dann weißt du, wofür du dich gequält hast. Dann weißt du, dass dein unvergessliches Abenteuer den Namen eines Berges trägt: Kilimandscharo.

FOTOS BERGBESTEIGUNG

Weitere Kilimandscharo-Fotos findest du auf meiner Homepage (www.stefan-schueler.info).

Machame Gate

Regenwald

Machame Camp

Aufstieg zum Shira Camp

Sonnenuntergang am Shira Plateau

Shira Camp bei Sonnenaufgang (Kibo im Hintergrund)

Shira Plateau am Morgen

Lava Tower

Barranco Camp (Breakfast Wall im Hintergrund)

Aufstieg zum Barafu Camp

Barafu Camp

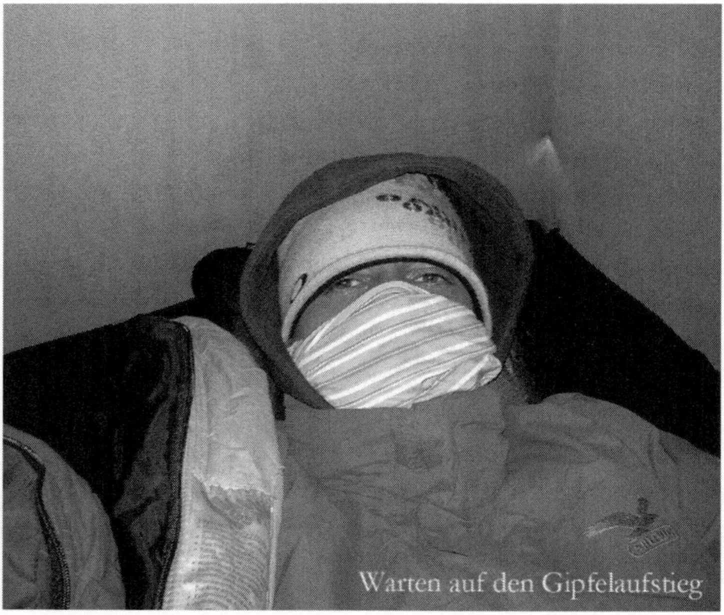

Warten auf den Gipfelaufstieg

Sonnenaufgang irgendwo unterhalb des Gipfels

Gipfelfoto

Gletscher am Uhuru Peak

Abstieg zum Mweka Camp

Abstieg zum Mweka Gate (Blick auf den Kibo)

FOTOS MOSHI, ARUSHA UND SAFARI

Weitere Safari-Fotos findest du auf meiner Homepage (www.stefan-schueler.info).

Hinterhofmarkt in Moshi

Warzenschwein „Pumba“ zum Lunch

Hinterhoffwerkstatt in Arusha

Ein Jeep, sechs Insassen und jede Menge Spaß

Kämpfende Elefanten im Tarangire-Nationalpark

Elefantenkuh mit Kalb

Affe am Lake Manyara

Lake Manyara

Sonnenaufgang über der Serengeti

Giraffen in der Serengeti

Löwin in der Serengeti

Pimbi Campesite im Serengeti Nationalpark

Hippo-Pool in der Serengeti

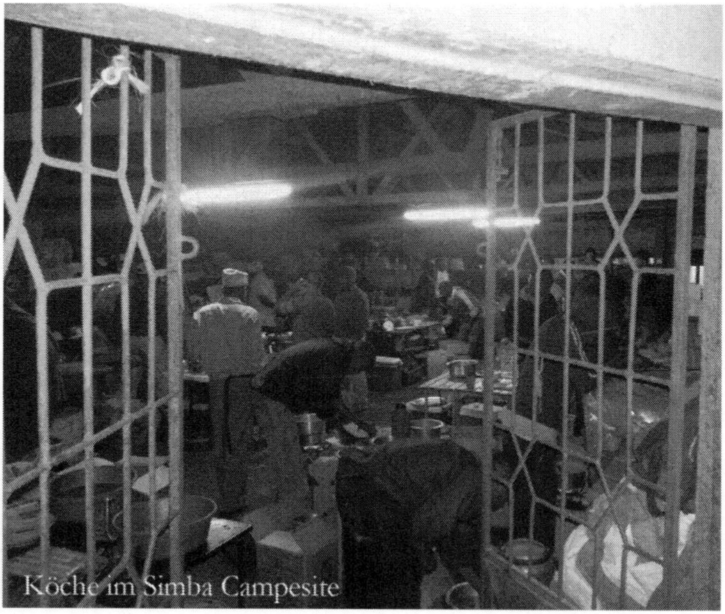

Köche im Simba Campesite

Gnuherde im Ngorongoro-Krater

NICE TO KNOW: NÜTZLICHE FAKTEN ÜBER DEN KILIMANDSCHARO UND TANSANIA

Noch einmal an die abenteuerlustige Couchpotato, den spießigen Globetrotter, den pubertierenden Rentner und den karrieregeilen Pfandflaschensammler:

Hast du wirklich immer noch vor, irgendwann selbst einmal das fremde Abenteuer Kilimandscharo zu deinem eigenen zu machen? Afrikas höchstem Berg als Gipfelstürmer auf das Dach zu steigen und dabei dieses Buch als Vorbereitung zu nutzen oder mit diesem deinem Taschenbüchlein, wasserfest verstaut im Rucksack, bei deiner eigenen Tour auf meinen Spuren zu wandern? Ja, dann habe ich für dich noch einige nützliche Facts zusammengefasst. Facts, die dir bei deiner Entscheidung helfen, ob du das Abenteuer endgültig wagst und wenn ja, worauf du alles achten solltest, um einer von den 39 Prozent zu sein, die es statistisch bis auf den Uhuru Peak schaffen. Ich persönlich bin ziemlich naiv und halbblind in mein Tansania-Abenteuer gestolpert und damit alles in allem ganz gut gefahren. Aber ich glaube, nein, ich weiß, dass ich manchmal mehr Glück als Verstand hatte. Dass es definitiv nicht schaden kann, wenn du dich vorher wenigstens etwas informierst. Damit kann sowohl unnötigen Problemen und Kopfschmerzen vorgebeugt als auch bares Geld gespart werden. Also viel Spaß beim Schmökern, wenn es um allgemeine Fragen geht wie: Wann besteige ich den Berg? Was muss ich alles mitnehmen? Was ist die Höhenkrankheit und wie werde ich sie wieder los? Oder aber auch einer meistens nicht so unwichtigen Frage wie: Was wird mich dieser Spaß in Tansania alles kosten? Fragen über Fragen, die ich für dich gern beantworten möchte. Da ich aber weder Extrembergsteiger, Höhenmediziner oder Reiseveranstalter, kurzweg kein Experte bin, erhebe ich auch nicht das Recht auf unbestrittene Vollständigkeit und unumstößliche Richtigkeit. Vielmehr habe ich die Fakten nach bestem Wissen und Gewissen aus der Literatur zusammengetragen und die eine oder andere persönliche Erfahrungsnote mit einfließen lassen. Aber jetzt habe ich dich genug vom Lesen abgehalten und deine Geduld strapaziert: Fakten folgen.

Die Besteigungsrouten [6), 9), 10), 11), 12)]

Durch fünf verschiedene Vegetationszonen wandern, uralte Regenwälder bewundern, in die Heide- und Moorlandschaft eintauchen, über staubige, steinige Mondwüsten hinauf bis auf den mit Gletschern überzogenen Gipfel Afrikas empor steigen: eine faszinierende Vorstellung. Nur auf welcher Route? Die Auswahl ist so vielseitig, wie auch der Berg selbst. Prinzipiell stehen dir dafür mehrere Routen zur Wahl, die sich in Schweregrad, Distanz und Besteigungsdauer voneinander unterscheiden. Die bekanntesten Besteigungsrouten sind: die Marangu Route, Machame Route, Lemosho Route, Umbwe Route und die Rongai Route. Also fünf Routen, bei denen der Name allein schon Lust auf ein Abenteuer macht. Doch so wohlklingend die Namen auch sein mögen, viel an Informationen geben diese leider nicht preis. Deshalb, und damit du dir einen kleinen Überblick über dein Abenteuer verschaffen kannst, möchte ich für dich auf genau diese Routen im Folgenden etwas näher eingehen.

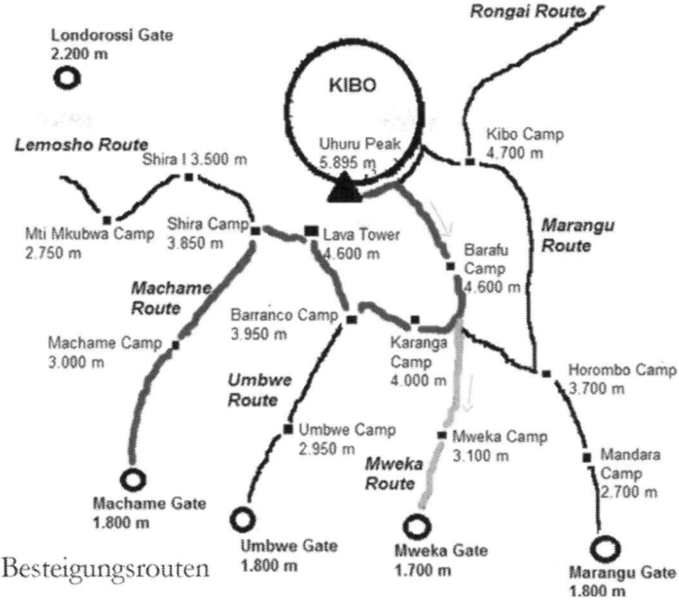

Besteigungsrouten

Marangu Route

Laut Parkstatistik ist die 69 Kilometer lange Marangu Route, auch besser bekannt als „Coca-Cola-Route“, die meistbegangene und bekannteste am Kilimandscharo. Zudem ist sie auch die günstigste und wird von den meisten Bergsteigern als einfachster und komfortabelster Weg hinauf zum Uhuru Peak empfunden, da sie in lediglich fünf Tagen begehbar ist. Aber Vorsicht: obwohl es die einzige Route ist, auf der du in allen Camps ausschließlich in festen Holzhütten übernachtest und auf der du dich mit Mineralwasser, Bier, Schokolade und anderen Annehmlichkeiten versorgen kannst, ist es gleichzeitig die Route mit den statistisch geringsten Chancen auf deinen Gipfelerfolg. Der Grund dafür ist der schnelle Aufstieg und die damit verbundene, knapp bemessene Zeit für die Höhenanpassung des Körpers (siehe Höhenkrankheit). Dieses Problem kannst du umgehen, indem du dir eine sechstägige Besteigung, inklusive eines extra Tages zur Akklimatisierung, buchst.

Der Ausgangspunkt der Marangu Route liegt am Südhang des Kilimandscharos und dem gleichnamigen Marangu Gate (1.850 m). Von dort aus wanderst du in nördlicher Richtung durch den atemberaubenden Regenwald, vorbei an Riesenfarnen und Kosobäumen, bis zum Ziel deines ersten Tages, der 2.700 Meter hoch gelegenen Mandara Hut (3-4 h Gehzeit). Am zweiten Tag führt dich der nordwestlich verlaufende Weg durch das anfangs üppig sprießende Gras- und Strauchland der Moor- und Heidelandschaft. Kurz vor der Horombo Hut (3.700 m, 5-6 h) triffst du dann das erste Mal auf Riesenlobelien und jahrhundertealte Baumsenecien. Hier im zweiten Lager empfiehlt es sich einen extra Tag zur Akklimatisierung einzulegen, bevor es dann am Folgetag weiter zur Kibo Hut (4.700 m) geht. Der fünf- bis sechsstündige Weg zur Kibo Hut führt dich nach der Hälfte der Strecke in eine karge, wüstenähnliche Landschaft: der Kibowüste. Die Strecke wird dort steiler mit spürbar dünnerer Luft und du passierst die letzte Wasserstelle auf deinem Weg zum Gipfel. Dort im Kibo Camp angekommen, kannst du dich erst einmal entspannen und erholen – wenn man das in dieser Höhe überhaupt Erholung nennen kann – bevor du mit deinem Guide oder gegebenenfalls anderen Mitgliedern aus deiner Gruppe um kurz nach Mitternacht zum „Gipfelsturm“ aufbrichst. Steil bergauf kämpfst du dich bis zum Gilman’s Point (5.681 m), genießt dort den unvergesslichen Sonnenaufgang und torkelst weiter bis zum Uhuru Peak (5.895 m), Afrikas höchstem Punkt. Am Uhuru Peak zelebrierst du diesen einzigartigen und ergreifenden Moment, der dich für all die Strapazen der letzten Tage entschädigt. Nach kurzem Aufenthalt am Gipfel steigst du den gleichen Weg wie im Aufstieg bis zur Kibo Hut ab. Anschließend geht es nach einer Verpflegungspause weiter hinab zur Horombo Hut, die du, sollte alles gut verlaufen sein, nach insgesamt 12 bis 14 Stunden Gehzeit erreichst. Dort leckst du deine Wunden, trinkst ein kühles Bierchen und schüchterst die anderen Bergsteiger ein, die den Gipfel noch vor sich haben und angespannt deinen Erzählungen lauschen. Nach einer Übernachtung in der Berghütte steigst du zum Marangu Gate ab, dem Ausgangspunkt deines Abenteuers und verlässt den Kilimanjaro National Park.

Tag	Etappen Marangu Route	Geh-zeiten
1	Marangu Gate (1.850 m) - Mandara Hut (2.700 m); 7 km; ↑900 m	3-4 h
2	Mandara Hut – Horombo Hut (3.700 m); 11 km;↑1.000 m	5-6 h
3	Horombo Hut – Kibo Hut (4.700 m); 12 km; ↑1.100 m, ↓100 m	5-6 h
4	Kibo Hut – Uhuru Peak (5.895 m) – Horombo Hut; 21 km; ↑1.400 m, ↓2.400 m	12-14 h
5	Horombo Hut – Marangu Gate; 18 km; ↓ 1.900 m	5-6 h

Machame Route

Die Machame Route ist die populärste aller Camping-Routen. Im Vergleich zur Marangu Route ist sie körperlich anstrengender und aufgrund der Übernachtungen im Zelt deutlich unkomfortabler. Entschädigt wirst du dafür aber mit einer atemberaubenden Natur. Nicht umsonst gilt diese Route als die schönste und reizvollste Route des Kilimandscharos, den du in einer sechs- bis siebentägigen Tour darüber besteigen kannst. Dieser Weg zum Gipfel ist deutlich teurer als die Marangu Route. Trotzdem empfiehlt sich hier die siebentägige Tour, inklusive eines Akklimatisierungstages am Barranco oder Karanga Camp, um deine Gipfelchancen weiter zu erhöhen.

Der Ausgangspunkt ist das Machame Gate (1.800 m). Von da aus führt dich dein sechs- bis siebenstündiger und neun Kilometer langer Aufstieg durch den Bergregenwald bis zum Machame Camp (3.000 m), vorbei an riesigen, grünen und mit Moos und Farnen überzogenen Bäumen, in deren Kronen sich die Affen tollen. Dort darfst du die erste Nacht im Zelt genießen, bevor es am Folgetag über steilere, immer wieder an- und absteigende Hügelketten zum Shira Camp geht (3.850 m, Gehzeit 5-7 h, 10 km). In diesem Zeltlager hast du, je nach Wettersituation, einen unvergesslichen Ausblick auf den Kibo und den Shira. Im Zusammenspiel mit dem einfallenden Sonnenlicht und den aufziehenden Wolken werden sie den Auslöser deiner Kamera zum Glühen bringen. Am Vormittag des dritten Tages steigst du auf bis zum Lava Tower (4.500 m), vorbei an riesigen Geröllblöcken mit unzählbaren, darauf befindlichen Steinmännchen. Dort wird eine kurze Rast eingelegt. Als ganz Mutiger kannst du außerdem noch die 30 Höhenmeter bis zur Spitze des Lava Towers raufkrabbeln, bevor du, getreu dem Bergsteigermotto „hoch gehen, tief schlafen", wieder hinunter bis in das Barranco Camp (3.950 m, 6 h) absteigst. Je nach gebuchter Tourdauer legst du hier deinen Ruhetag zur besseren Akklimatisierung ein. Und wenn das Wetter mitspielt, kannst du im Barranco Camp ungestört auf den Kibo schauen und nachts sogar die Lichter des 60 Kilometer entfernten Moshi bewundern. Am Folgetag führt dich dein Weg zuerst über die Breakfast Wall, eine fast senkrechte, 300 Meter hohe Felswand, die als technisch schwierigste Passage der gesamten Machame Route gilt. Anschließend wanderst du in einem gewaltigen, sieben- bis achtstündigen Marsch ostwärts, immer wieder bergauf und bergab, vorbei am Karanga Camp (3.950 m), bis in das letzte Camp vor dem Gipfel, dem ungastlichen Barafu Camp (4.600 m). Hier wartest du ungeduldig darauf, dass es gegen Mitternacht endlich losgeht. In völliger Dunkelheit kämpfst du dich eine Geröllhalde bis zum Stella Point (5.745 m) rauf und von hier aus im Schneckentempo bis auf den Uhuru Peak (5.895 m). Dort genießt du – hoffentlich bei Sonnenaufgang – die atemberaubende Aussicht über Tansanias und Kenias Savannen, bevor du über den mittlerweile aufgetauten Untergrund bis in das Barafu Camp hinunterläufst. Dort legst du eine kurze Pause zur Verpflegung ein und steigst weiter bis in das 3.100 Meter hoch gelegene Mweka Camp ab. Insgesamt über 4.000 Höhenmeter bzw. 19 Kilometer Gehstrecke an diesem Gipfeltag, die du in kräftezehrenden zwölf bis 14 Stunden zurücklegst. Nach einer Nacht im wunderschönen, urwaldähnlichen Mweka Camp, wanderst du wieder durch den immergrünen Regenwald bis zum Mweka Gate (1.800 m, 3-4 h), wo deine Trekkingtour ihren Ausklang findet.

Tag	**Etappen Machame Route**	**Gehzeiten**
1	Machame Gate (1.800 m) – Machame Camp (3.000 m); 9 km; ↑1.200 m	6-7 h
2	Machame Camp – Shira Camp (3.850 m); 7 km; ↑850 m	5-6 h
3	Shira Camp – Barranco Camp (3.950 m); 10 km; ↑800 m, ↓700 m	6-7 h
4	Barranco Camp – Barafu Camp (4.600 m); 8 km; ↑850 m, ↓200 m	7-8 h
5	Barafu Camp – Uhuru Peak (5.895 m) – Mweka Camp (3.100 m); 19 km; ↑1.300 m, ↓2.800 m	12-14 h
6	Mweka Camp – Mweka Gate (1.800 m); 10 km; ↓2.100 m	3-4 h

Lemosho Route

Die 70 Kilometer lange Lemosho Route startet am Londorossi Gate auf 2.250 Metern und bietet dir die Möglichkeit, auf einer sehr schönen, abgelegenen Route über das Shira Plateau bis zum Uhuru Peak aufzusteigen. Einzig die Umbwe Route ist noch weniger frequentiert. Als eine der längeren Routen ist sie für sechs bis sieben Tage ausgelegt.

Mit dem Jeep wirst du zuerst vom Londorossi Gate bis zu den Lemosho Glades gefahren. Dort wanderst du in der Nähe der Lemosho Glades durch die unberührten Wälder. Diese Gegend beherbergt viele Tierarten, unter anderem auch Elefanten und Büffel, weswegen du auch von bewaffneten Rangern begleitet wirst. Nachdem du den grünen und beeindruckenden Regenwald durchdrungen hast, erreichst du nach drei bis vier Stunden das Mti Mkubwa Camp/Big Tree Camp (2.750 m). Von dort aus geht es am zweiten Tag durch die Moor- und Heidelandschaft über den Shira Kamm, am Shira 1 Camp (3.500 m) vorbei, bis in das Shira Camp auf 3.850 Metern (7-8 h). Am nächsten Vormittag trifft die Lemosho Route auf die Machame Route. Beide führen zusammen über den Lava Tower und von dort aus, vorbei an riesige Senezien, bis in das Barranco Camp, das du nach sechs bis sieben Stunden Gehzeit erreichst (siehe auch Machame Route). Hier hast du einen beeindruckenden Ausblick auf den Kibo, dessen schnee- und eisbedeckte Hänge dir zum Greifen nah erscheinen. Um deine Gipfelchancen zu verbessern, empfiehlt es sich auf dieser Tour einen extra Tag zur Akklimatisierung einzulegen. Dies kannst du hier im Barranco Valley tun oder du steigst am Folgetag den gleichen Weg der Machame Route weiter auf bis zum Karanga Camp (3.950 m, 3-4 h). Der Aufstieg zum Karanga Camp ist verhältnismäßig kurz, wodurch du den gesamten Nachmittag zur Erholung hättest. Solltest du dich für eine sechstägige Tour und gegen einen extra Tag entschieden haben, dann kannst du direkt vom Barranco Camp bis zum Barafu Camp (4.600 m, 7-8 h) aufsteigen. Du nutzt dann das Karanga Camp (wie ich) lediglich, um eine kurze Mittagspause einzulegen. Egal, ob nun im Barranco oder im Karanga Camp, einen extra Akklimatisierungstag würde ich dir nahelegen. Vom Barafu Camp aus gleicht die Route eins zu eins der Machame Route (siehe Machame Route).

Tag	**Etappen Lemosho Route**	**Gehzeiten**
1	Lemosho Glades (2.100 m) – Mti Mkubwa Camp (2.800 m); 7 km; ↑650 m	3-4 h
2	Mti Mkubwa Camp – Shira 1 Camp (3.500 m) – Shira Camp (3.850 m); 14 km; ↑1.200 m, ↓100 m	7-8 h
3	Shira Camp – Barranco Camp (3.950 m); 10 km; ↑800 m, ↓700 m	6-7 h
4	Barranco Camp – Karanga Camp (3.950 m); 6 km; ↑250 m, ↓250 m	3-4 h
5	Karanga Camp – Barafu Camp (4.600 m); 4 km; ↑680m, ↓30 m	3-4 h
6	Barafu Camp – Uhuru Peak (5.895 m) – Mweka Camp (3.100 m); 19 km; ↑1.300 m, ↓2.800 m	12-14 h
7	Mweka Camp – Mweka Gate (1.800 m); 10 km; ↓2.100 m	3-4 h

Umbwe Route

Am Umbwe Gate auf 1.800 Metern beginnt dein Besteigungsabenteuer des Kilimandscharos über die 51 Kilometer lange Umbwe Route. Sie gilt als schwerste, spektakulärste und direkteste Route zum Gipfel und wird deshalb nur ambitionierten Bergsteigern mit guter Kondition und Höhenerfahrung empfohlen. Statistisch gesehen ist sie von den fünf Routen die am wenigsten frequentierte. Offiziell ist sie auf fünf Tage ausgelegt. Aber ich bin mir sicher, dass du mit deinem deutschen Reiseveranstalter oder der Company, die du dir selbst in Tansania suchst, einen zusätzlichen Tag zur Akklimatisierung aushandeln kannst.

Vom Umbwe Gate wanderst du am ersten Tag durch den üppigen Wald auf breiten Forststraßen und zunehmend schmaler werdenden Pfaden, bis du nach vier Stunden das kleine Umbwe Camp (2.950 m) erreichst. Von dort aus geht es am nächsten Morgen direkt weiter zum Barranco Camp. Im Gegensatz zur Machame oder Lemosho Route wird also kein weiteres Camp auf dem Weg zum Barranco Camp angelaufen. Auch den Lava Tower wirst du auf dieser Route vergeblich suchen. Stattdessen führt dich der Weg über den engen, spektakulären Umbwe Bergkamm und freies Gelände mit Riesensenezien und Lobelien. Ab dem Barranco Camp folgt der weitere Aufstieg der Machame und Lemosho Route. Dadurch ergeben sich die gleichen zwei Möglichkeiten, wie bei der Lemosho Route. Entweder einen zusätzlichen Tag zur Akklimatisierung einzulegen (Barranco Camp, Karanga Camp) oder direkt bis zum Barafu Camp (4.600 m) aufzusteigen. Nach insgesamt fünf bzw. sechs Tagen endet deine Tour am Mweka Gate.

Tag	Etappen Umbwe Route	Gehzeiten
1	Umbwe Gate (1.800 m) – Umbwe Camp (2.950 m); 8 km; ↑1.150 m	4-5 h
2	Umbwe Camp – Barranco Camp (3.950 m); 6 km; ↑1.100 m	4-6 h
3	Barranco Camp – Barafu Camp (4.600 m); 8 km; ↑850 m, ↓20 0m	7-8 h

4	Barafu Camp – Uhuru Peak (5.895 m) – Mweka Camp (3.100 m); 19 km; ↑1.300 m, ↓2.800 m	12-14 h
5	Mweka Camp – Mweka Gate (3.100 m); 10 km; ↓2.100 m	3-4 h

Rongai Route

Nach einer langen Anfahrt aus Moshi oder Arusha gelangst du mit dem Auto an die Nordostflanke des Kilimandscharos bis zum Nalemoru Gate (2.000 m). Dieses liegt an der kenianisch-tansanischen Grenze und ist gleichzeitig der Ausgangspunkt für die 70 Kilometer lange Rongai Route. Diese Route gilt neben der Marangu Route als technisch leichteste der beschriebenen fünf Besteigungsrouten und wird von nur wenigen Wanderern begangen. Doch obwohl sie als sehr leichte Route gilt, kann es durch den relativ schnellen Aufstieg auf Höhen oberhalb der 4.000 Meter zu Akklimatisierungsproblemen kommen. Dadurch, dass im Norden des Kilimandscharos geringere Niederschlagsmengen als auf den südwestlichen Routen fallen, ist die Vegetation karger und wird aufgrund dieses ganz speziellen Flairs oft als „Wüstenroute“ bezeichnet. Dabei bietet sie dir im Aufstieg einen faszinierenden Blick auf das südliche Kenia bis hin zu den Chyulu Hills. Der Abstieg erfolgt über die Marangu Route und bietet dir dadurch die Möglichkeit, auch die Vegetation der südwestlichen Routen zu erleben. Obgleich diese Abstiegsroute mit Hütten ausgestattet ist, bleiben diese den Bergsteigern der Marangu Route vorbehalten und du übernachtest weiterhin im Zelt.

Vom Nalemoru Gate geht es für dich am ersten Tag anfangs über gut ausgebaute Forststraßen in der Anbauzone, bis du in Pinienwälder eintauchst und nach drei bis vier Stunden gemütlichen Anstiegs, das Sekimba Camp/First Caves Camp (2.700 m) erreichst. Am zweiten Tag geht es über mehrere Bergkämme und durch kleinere Täler, vorbei an den ersten Riesensenezien, stetig aufwärts bis zum Übernachtungsziel, dem Kikelewa Camp (3.650 m, 6-7 h). Am nächsten Morgen wanderst du weiter steil bergauf, bis du die Vegetation hinter dir lässt und dein Tagesziel gegen Mittag erreichst: das idyllisch am einzigen Bergsee des Kilimandscharos gelegene und mit riesigen Senezien geschmückte Mawenzi Tarn Camp (4.330 m, 3-4 h). Dort kannst du den gesamten Nachmittag zur Akklimatisierung nutzen, bevor du am Folgetag über den Kibosattel, zwischen dem Mawenzi und Kibo, weiter aufsteigst. Dabei hast du immer wieder fantastische Ausblicke auf die weiten kenianischen Ebenen. Am Ende dieses Aufstiegstages erreichst du nach einem anstrengenden Marsch, dessen steiler Pfad mit großen Felsbrocken gesäumt ist, das Camp: die School Hut (4.750 m, 4-5 h). Dort wartest du gespannt auf den kurz nach Mitternacht beginnenden Gipfelaufstieg, der dich bei Sonnenaufgang über den Gilman's Point (5.681 m) bis zum höchsten Punkt, dem Uhuru Peak (5.895 m), führt. Von dort aus steigst du zur Kibo Hut ab, isst hier Mittag und wanderst weiter die Marangu Route, bis in das Horombo Camp hinunter (siehe Marangu Route). Nach einer hoffentlich erholsamen Übernachtung im Zelt, verlässt du den Nationalpark am nächsten Tag durch das Marangu Gate.

Tag	Etappen Rongai Route	Gehzeiten
1	Nalemoru Gate (2.000 m) – Sekimba Camp (2.700 m); 8 km; ↑630 m	3-4 h
2	Sekimba Camp – Kikelewa Camp (3.650 m); 10 km; ↑1.040 m, ↓30 m	5-6 h
3	Kikelewa Camp – Mawenzi Tarn Hut (4.300 m); 5 km; ↑630 m, ↓20 m	3-4 h
4	Mawenzi Tarn Hut – School Hut (4.750 m); 8 km; ↑450 m, ↓40 m	4-5 h
5	School Hut – Uhuru Peak (5.895 m) – Horombo Hut (3.700 m); 21 km; ↑1.350 m, ↓2350 m	12-14 h
6	Horombo Hut – Marangu Gate (1.800 m); 18 km; ↓1.900 m	5-6 h

Das Wetter am Kilimandscharo [1), 5)]

Der Kilimandscharo kann von dir ganzjährig bestiegen werden, sogar außerhalb der bevorzugten Monate, an denen selbst dann das Wetter noch sehr sprunghaft und schwer vorhersagbar ist. Aber idealerweise solltest du versuchen, den Berg innerhalb einer der beiden Trockenzeiten zu besteigen. Diese dauern von Mitte Dezember bis März und von Juli bis Anfang Oktober. Dabei ist der Anfang des Jahres normalerweise trocken und warm, während es Mitte des Jahres zwar auch trocken ist, jedoch deutlich kühler. Die wärmsten Monate sind daher der Januar, Februar und September. In den restlichen Monaten der Regenzeit kann es zu starken Regenfällen kommen, die in den höheren Lagen in Schnee übergehen. Auch mit starker Bewölkung und Gewittern musst du rechnen. Obwohl die Monate Januar und Februar aus wettertechnischer Sicht die Besten sind um den Berg zu besteigen, sind die Monate Juli bis Oktober die am stärksten frequentierten. Der Hintergrund ist, dass diese Zeit mit den europäischen Sommerferien zusammenfällt.

Die Temperaturunterschiede am Berg können extrem sein und stark variieren. Am Fuße des Berges herrschen noch Temperaturen von bis zu + 30 °C vor, während dich am Gipfel nicht selten Temperaturen im zweistelligen Minusbereich (bis - 25° C) zum Bibbern bringen. Gerade wenn die Sonne untergeht, fallen die Temperaturen drastisch. Trotzdem konnte ich auf meiner Tour tagsüber bei wolkenfreiem Himmel bis in Höhen um 4.000 Meter noch leicht bekleidet aufsteigen. Sobald jedoch die Sonne von Wolken bedeckt wurde oder der Wind deutlich auffrischte, wurde es unangenehm kalt und die entsprechend warme Kleidung aus dem Tagesrucksack kam zu ihrer Daseinsberechtigung. Wärmende, geeignete Kleidung ist daher bei deiner Besteigung des Kilimandscharos unabdingbar (vgl. Packliste Kilimandscharo).

Übernachtung auf dem Kilimandscharo

Je nachdem für welche Besteigungsroute du dich entscheidest, wirst du in Zelten oder in festen Hütten übernachten. Meines Wissens ist jedoch die Marangu Route die einzige mit festen Unterkünften. Auf der Machame Route, die ich bestiegen habe, wird ausschließlich in Zelten übernachtet. Diese Zelte werden von den Veranstaltern zur Verfügung gestellt und von deinen Trägern für dich transportiert und aufgebaut. Was du dir aber auf jeden Fall besorgen musst, egal ob Hütte oder Zelt, sind ein guter Schlafsack und eine geeignete Isomatte. Der Schlafsack sollte nach Empfehlungen bis - 25 °C im Komfortbereich ausgelegt und die Isomatte für Minusgrade geeignet sein. Natürlich kannst du dir auch vor Ort diese Ausrüstung für einen entsprechenden Aufpreis mieten. Aus hygienischen Gründen würde ich dir dann aber vorher zum Kauf eines Inletts für den Schlafsack raten.

Packlisten Tansania mit Bergbesteigung und Safari

Meine Packliste für den Kilimandscharo (6 Tage Machame Route im August)

Ausrüstung	*Menge*	*Bemerkungen*
Bekleidung		
Wandersocken	2 Paar	eng, 1x Wolle dick, 1x dünn
Wanderstiefel	1 Paar	wasserfest, eingelaufen!!!
Gamaschen	1 Paar	für Geröll und Fels
Poncho	1	wasserdicht
Wintermütze	1	
Hut / Cap	1	
Handschuhe	2 Paar	1x dünn, 1x dick wasserdicht
Unterwäsche	5	Kunstfaser, atmungsaktiv
Langarmshirt	2	atmungsaktiv
Unterhose lang	2	atmungsaktiv

T-Shirt	1	atmungsaktiv
Wanderhose lang	1	am Knie teilbar
Winterhose lang	1	für Gipfeltag
Fleece Pulli lang	2	1x TK 100, 1x TK 200
Hardshell-Jacke	1	mit Windstopper
Ausrüstung		
Wanderstöcke	1 Paar	höhenverstellbar
Uhr	1	evtl. mit Höhenmesser
Schlafsack	1	bis -25 °C Komfortbereich
Trinksystem	1	Trinkblase 3 Liter mit Isolierung für Schlauch- u. Mundstück
Brustbeutel	1	für Geld/Pass
Sonnenbrille	1	hoher UV-Schutz
Isomatte	1	dick (Luftkammern)
Kopfkissen	1	klein
Stirnlampe	1	mit Ersatzbatterien
Sonstiges	1	Taschenmesser, Schnur, Klebeband
Thermosflasche	1-2	1 Liter
Trans-portsysteme		
Tagesrucksack	1	20-30 Liter
Transport-tragetasche	1	80 Liter z.B. Tatonka (für Träger)
Rucksack (groß)	1	65 Liter (für Träger)
Reiseapotheke		
Malariatabletten	1	Lariam (1x/Woche)
Schmerztabletten	1 Pckg	Paracetamol
Spezielle Pflaster	3 Pckg	Druckstellen-, Blasen-, Hühneraugen - Pflaster
Verbandsmaterial	1	Erste-Hilfe-Tasche
Trinkwasser-Tabletten	1 Pckg	Micropur zur Entkeimung
Verpflegung		
Energieriegel	10	Oatsnack, Snickers
Traubenzucker	1 Pckg	
Sonstiges		
Gehörschutz	2 Paar	Ohropax (1x Ersatz)
Hygieneartikel	1	Zahnbürste, -pasta, Seife

Toilettenpapier !!!	1-2	
Handtuch	1	klein, Kunstfaser
Sonnencreme	1	LSF 30
Fotoapparat/ Handy	1	mit Ersatzkarte und -akku
Brausetabletten mit Geschmack	1 Pckg	Zugabe zu den Trinkwasser - Tabletten

Meine Packliste für die Stadt und die Safari

Was du für die Zeit außerhalb der Bergbesteigung benötigst, ist sehr individuell und hängt maßgeblich davon ab, welche Art von Safari du machst und wo du dich im Land letztendlich aufhalten wirst. Solltest du dich für eine Camping-Safari in freier Natur entscheiden, benötigst du andere Kleidung und Ausrüstung als bei einer Safari mit täglicher Übernachtung in Lodges. Aber keine Angst, mit dem Equipment von deiner Kilimandscharo-Besteigung bist du bereits gut ausgestattet. Ich persönlich bin ein Freund von leichtem Gepäck und habe die Erfahrung gemacht, dass man überall im Land für sehr wenig Geld seine Kleidung waschen lassen kann. In der Tabelle kannst du dir anschauen, was ich bei meiner sechstägigen Camping-Safari und in den Städten dabeihatte.

Ausrüstung	*Menge*	*Bemerkungen*
Bekleidung		
Wandersocken	1 Paar	eng, dünn
Socken	3 Paar	kurz
Wanderstiefel / Trekking-schuhe	1 Paar	
Turnschuhe	1 Paar	
Flip Flops	1	Freizeit und Dusche
Hut	1	als Sonnenschutz
Unterwäsche	5	Kunstfaser, atmungsaktiv
T-Shirt	3	atmungsaktiv
Jeans/Trek-kinghose lang	1	

kurze Hose	1	
Fleece Pulli lang	1	1x TK 100
Hardshell-Jacke	1	mit Windstopper
Ausrüstung		
Steckdosenadapter	1	englische Version
Armbanduhr	1	
Schlafsack	1	wird gestellt, evtl. Inlett
Brustbeutel	1	für Geld/Pass
Sonnenbrille	1	hoher UV-Schutz
Isomatte	1	wird gestellt
Kopfkissen	1	klein
Stirnlampe	1	mit Ersatzbatterien
Sonstiges	1	Taschenmesser, Schnur, Klebeband
Transportsysteme		
Rucksack für Safari	1	20-30 Liter
Rucksack (groß) für Ausrüstung Kilimandscharo	1	65 Liter (verbleibt im Hotel oder im Büro der Company); Schloss!!!
Reiseapotheke		
Malariatabletten	1	Lariam (1x/Woche)
Verbandsmaterial	1	Erste-Hilfe-Tasche
Schmerztabletten	1 Pckg	
Taschentücher/ Feuchttücher	1 Pckg	
Sonstiges		
Gehörschutz	1 Paar	Ohropax
Mückenspray	1	Nobite Hautspray und Kleidung
Hygieneartikel	1	Zahnbürste, -pasta, Seife, Rasierer
Toilettenpapier !!!	1	
Handtuch	1	mittelgroß, Kunstfaser
Sonnencreme	1	LSF 30

Fotoapparat/ Handy	1	mit Ersatzkarte, -akku, Ladekabel
Reisewörterbuch Englisch	1	
MP3 Player	1	für lange Überlandfahrten

Zusätzlich in der Stadt

Ausrüstung	*Menge*	*Bemerkungen*
Badehose	1	für Strand/Pool
Hose/ Jeans	1	für das Restaurant (ordentliche Kleidung)
Hemd	2	für das Restaurant

Packliste Reiseunterlagen/Wertsachen

Was	*Menge*	*Bemerkungen*
Reisepass	1	+ Kopie
Visum	1	+ Kopie
Brust-/Gürtelbeutel	1	
Impfpass	1	+ Kopie
Bargeld	1	ca. 150€ oder US$
Flugtickets	1	+ Kopie
Buchungsbestätigungen	1	Hotels, Reiseveranstalter + Kopie
Adressbuch	1	Kontaktdaten von Familie, Ärzten, Botschaften
Kreditkarte (VISA)	1	

Ein Tipp von mir bezüglich deiner Reiseunterlagen ist, dass du am besten von allen Unterlagen eine Fotokopie anfertigst. Die Originale trägst du immer bei dir oder lässt sie, wenn möglich, im Hotelsafe. Die Kopien versteckst du an verschiedenen Orten im Rucksack oder Koffer. Vorzugsweise in dem, den du nicht bei dir führst (z. B. bei der „Kili"-Tour oder Safari im Hotel/Company). Zusätzlich kannst du noch alle Unterlagen einscannen und auf deinem E-Mail-Account oder der Cloud (Zugriff auf extern hinterlegte Dateien/Daten, unabhängig vom Endgerät) speichern. So stellst du immer sicher, dass noch nachweisbare Dokumente vorhanden sind, selbst wenn du all deine Sachen verlierst oder sie dir gestohlen werden.

Eventuell überflüssig es zu erwähnen, aber dennoch der Hinweis: wenn du das Hotel verlässt, verzichte darauf, in der Öffentlichkeit mit Wertsachen auf dich aufmerksam zu machen. Vielleicht denkst du dir nichts dabei, aber wedele nicht allzu freizügig mit deiner Rolex rum, trage nicht das dickste Goldkettchen oder das neuste Smartphone oder Fotoapparat spazieren. Am einfachsten ist es, wenn du alle unnötigen Wertsachen gleich in Deutschland lässt. Deine Kreditkarte und den Reisepass trägst du am besten direkt am Körper. Bargeld solltest du immer an verschiedenen Stellen deines Körpers deponieren. Bei Einkaufstouren oder auf Märkten bin ich mit dem „Zwei-Hosentaschen-System" am geschicktesten gefahren. Das heißt, in einer Tasche hast du kleine Scheine und in der anderen die großen. Dadurch kannst du besser handeln, musst nicht mit großen Geldstapeln rumwedeln und erhöhst deine Chancen, passendes Wechselgeld zurückzubekommen, ungemein.

Ausrüstung mieten?

Prinzipiell kannst du dir alles, was du für die Besteigung benötigst, dort vor Ort mieten: angefangen von einer Taschenlampe bis hin zur langen Unterwäsche. Es ist nur eine Frage des Geldes. Ich habe sogar gesehen, dass Companies selbst alte und gebrauchte Wanderschuhe für zirka 10 $ pro Tag verliehen haben. Davon würde ich dir aber dringend abraten, denn die Wahl der Schuhe kann entscheiden, wie viel Spaß du auf deiner Tour hast oder sogar, ob du den Gipfel überhaupt erreichst. Ich persönlich habe mir von meiner Company auch einen zweiten Schlafsack, eine Isomatte und Gamaschen gemietet. Zum einen, weil ein guter Schlafsack in Deutschland unverschämt teuer ist, zum anderen, weil gerade meine Luftkammer-Isomatte sehr sperrig war und einen großen Teil meiner Transporttasche eingenommen hätte. Dadurch, dass ich mir die Tour vor Ort gebucht habe, konnte ich einen guten Paketpreis aushandeln. Das kannst du garantiert auch. Wenn du aber am Park Gate bist und noch fehlendes Equipment benötigst, dann wird dort, selbst für deutsche Verhältnisse, ein stolzer Preis verlangt. Aber egal, was du dir mietest, eins sollte dir klar sein: das Equipment hat meist nicht die beste Qualität. Gerade in den höheren und kalten Camps kann das für dich zu unangenehmen Überraschungen führen. Ich selbst habe mich in Moshi durch zwei dieser „Hinterhof-Lager" gewühlt, immer auf der Suche nach einem Schlafsack, der für zweistellige Minusgrade im Komfortbereich ausgelegt ist und nach einem guten Zelt. Und trotzdem habe ich mir, gerade in den höheren Camps, den Hintern am Berg abgefroren.

Ausrüstung, die du selbst tragen solltest

Du brauchst nicht dein gesamtes persönliches Gepäck für die Bergbesteigung selbst zu tragen. Das übernehmen die Porter, die jeweils bis zu 15 Kilogramm tragen dürfen. Diese transportieren dein persönliches Gepäck und das weitere Equipment von Lager zu Lager, sodass bei deiner Ankunft bereits alles dort sein sollte. Solltest du Übergepäck mitnehmen (> 15 kg), so musst du dafür pro Tag eine zusätzliche Gebühr bezahlen. Eventuell muss auch noch ein weiterer Porter engagiert werden (Zusatzkosten).

Was aber von dir verlangt wird – und das ist nicht viel – ist, dass du einen eigenen Rucksack trägst, in dem alles untergebracht ist, was du tagsüber bis zum Erreichen des Lagers am Abend benötigst. Was genau das ist, wird dein Guide vor jeder Etappe mit dir absprechen. In der Regel ist das jedoch ein Trinksystem oder Wasserflaschen mit entsprechender Füllung, deine Erste-Hilfe-Tasche, dein Lunchpaket und Snacks, eine Kamera, Sonnencreme und Wertsachen. Des Weiteren noch Kleidung für die anstehende Etappe wie zusätzliche, warme Klamotten, Handschuhe, Mütze und Regenponcho.

Welches Schuhwerk? 1)

Die größten Probleme hatte ich im Vorfeld, aufgrund von Zeitmangel, mit der Wahl des richtigen Schuhwerkes. Dabei ist das wirklich – und das kann gar nicht genug betont werden – einer der wichtigsten Punkte, der entscheidet, ob du deine Tour genießen kannst und sogar, ob du gänzlich Erfolg hast. Deshalb ist es bedeutsam, dass deine Schuhe komfortabel sind, eine gute Passform mit genügend Platz für die Zehen haben und nicht zu schwer sind. Des Weiteren solltest du die Schuhe mindestens ein paar Wochen lang gut eingelaufen haben, bevor du zu deiner Tour startest, um das Entstehungsrisiko von Blasen zu minimieren. Sie sollten vorzugsweise mit Knöchelunterstützung sein und eine gut profilierte, rutschfeste Sohle haben. Lederwanderschuhe oder jede andere Art von wasserdichten Wanderstiefeln bieten sich dafür an. Zusätzlich solltest du für die warmen Gegenden enganliegende Wandersocken und für die kalten Gegenden dicke Baumwollsocken tragen. Wichtig: trotz gutem Schuhwerk solltest du niemals beim Kauf von Blasen- und Druckstellenpflastern geizen und immer einen ausreichenden Vorrat in deiner Erste-Hilfe-Tasche mitführen. Denn nichts ist nerviger, als mit blasenverzierten, blutenden Füßen tagelang über den Kilimandscharo zu kraxeln und bei jedem Schritt, bergauf oder -ab, den Schmerz von scheuerndem Fleisch und aufgegangenen Blasen zu erleben.

Erste-Hilfe-Ausrüstung

Deine Erste-Hilfe-Ausrüstung trägst du am Berg immer in deinem Tagesrucksack. Dabei bietet sich eine Erste-Hilfe-Tasche mit Pflaster und dergleichen an. Diese kannst du im Outdoor-Geschäft oder Internet erwerben. Zusätzlich solltest du noch spezielle Blasen- und Druckstellenpflaster für die Füße einpacken sowie Tabletten gegen Durchfall, gegen allergische Reaktionen und für die Malaria-Prophylaxe. Wichtig sind auch ausreichend Schmerzmittel wie Paracetamol und optional Mittel gegen Höhenkrankheit wie Diamox. Wenn du an irgendwelchen Krankheiten leidest und Medikamente einnimmst, solltest du diese natürlich auch mitnehmen und vorher noch deinen Arzt konsultieren.

Gruppengröße Kilimandscharo-Besteigung

Den Kilimandscharo kann man als einzelner Klient oder in einer Gruppe besteigen. Die Gruppengröße beträgt je nach Company von zwei bis teilweise über zehn Klienten. Natürlich ist auch der Preis pro Person für die Besteigung geringer, je größer die Gruppe ist. Aber Vorsicht: mit zunehmender Gruppengröße verringert sich auch deine Chance, den Gipfel zu erreichen. Denn, falls einige aus der Gruppe krankheitsbedingt oder wegen Erschöpfung nicht weiter aufsteigen können, kann es passieren, dass die gesamte Besteigung abgebrochen werden muss. Daher sind Besteigungen allein oder in Gruppen mit bis zu drei Klienten optimal. Informiere dich deshalb vorher genau über die Gruppengröße bei deinem Reiseveranstalter in Deutschland oder vor Ort, wenn du deine Besteigung direkt in Tansania buchen möchtest.

Die Höhenkrankheit

Die Höhenkrankheit allgemein 1), 7)

Den Kilimandscharo zu besteigen, ist für viele Hobbybergsteiger und Bergtouristen ein großer Traum. Ein Traum, der realistisch ist. Nicht umsonst gilt der Berg je nach Route als technisch nicht schwierig zu besteigen. So versuchen jedes Jahr Tausende den Gipfel zu erklimmen. Das größte Problem am Kilimandscharo stellen für dich jedoch nicht die klettertechnischen Fähigkeiten dar, sondern vielmehr die geografische Besonderheit des Berges. Bei dem höchsten alleinstehenden Berg der Welt überwindest du dabei in kürzester Zeit sehr große Höhenunterschiede zwischen dem Fuß und dem Gipfel. So kommt es nicht selten vor, dass Touristen aus ihren Heimatländern mit dem Flugzeug nach Tansania oder Kenia fliegen, am Folgetag zu einem der Parkeingänge gekarrt werden und dann innerhalb von vier bis fünf Tagen zum Gipfel aufsteigen. Im Extremfall ein Höhenunterschied von fast 6.000 Metern in weniger als einer Woche. Eine Höhendifferenz, die nicht wenige Besucher mit der Höhenkrankheit bezahlen. Aber keine Angst, diese gibt es für dich gratis zur Kilimandscharo-Besteigung dazu. Grund dafür ist die Reaktion des Körpers auf den veränderten Luftdruck und der daraus resultierenden Abnahme des Sauerstoffpartialdrucks mit zunehmender Höhe. Dabei beträgt der Sauerstoffgehalt auf dem Gipfel nur noch fast die Hälfte des Gehaltes auf Meeresspiegelniveau. Die Reaktionen des Körpers auf diesen Sauerstoffmangel können nur einige leichte Symptome sein oder aber auch schwere Erkrankungen, die bis zum Tod führen können. Ob oder wie stark du auf den Sauerstoffmangel reagierst, ist sehr individuell und weniger abhängig von deinen Erfahrungen, deinem Trainingszustand oder gar deinem Alter. Ausbrechen kann sie aber bei jedem. Deshalb kann man nie voraussagen, ob du deswegen Probleme bekommst oder nicht.

In der Literatur werden dabei drei Symptomklassen (leicht, mittelschwer, schwer) unterschieden. Leichte Symptome sind leichte Kopfschmerzen, Unlust, allgemeiner Leistungsabfall und

Unwohlsein sowie ein um mehr als 20 Prozent erhöhter Puls. Symptome der zweiten Klasse sind dauerhafte, heftige Kopfschmerzen, Herzrasen, Atemnot, Schwindel, stärkere allgemeine Unlust, stärkerer Leistungsabfall, nächtliche Einschlafbeschwerden, trockener Husten, Gang- und Trittunsicherheit sowie ein dunkel gefärbter Urin mit einer Ausscheidungsmenge von weniger als ½ l pro Tag. Zu den schweren Symptomen zählen schwerste, kaum erträgliche Kopfschmerzen, starkes Herzrasen, Verwirrungszustände, völlige Unlust, extremer Leistungsabfall, schwerster Husten, fast keine Urinausscheidung, Lungen- oder Herzödeme sowie auftretende Thrombosen.

Bis zu einer Höhe von zirka 2.000 Metern musst du mit keinerlei Symptomen oder kaum Beeinträchtigungen deiner physischen und psychischen Leistungsfähigkeit rechnen. In der anschließenden, sogenannten Zone der „vollständigen Kompensation" (2.000 m bis 4.000 m) ist es theoretisch gut möglich, sich an diese Höhe zu gewöhnen (Akklimatisierung). Der Körper passt sich bei langsamem Aufstieg und längerem Aufenthalt an den Sauerstoffmangel durch erhöhte Atmungsfrequenz und Bildung zusätzlicher roter Blutkörper an. Nach einer Faustregel sollte man für eine gute Akklimatisierung höchstens 300-500 Meter höher als am Tag zuvor schlafen. Aber genau das ist das Problem bei der Besteigung des Kilimandscharos, weil dort die einzelnen „Camps" oft bis zu 1.000 Höhenmeter auseinander liegen und die Bergsteiger bei ihren geführten Touren in kürzester Zeit bis auf den Gipfel gepeitscht werden. Oft verschwinden die Symptome jedoch nach einer gut durchschlafenen Nacht. Des Weiteren bietet es sich auch an, einen extra Tag in dieser Zone für die Akklimatisierung zu buchen. Denn ab 4.000 Metern Höhe, in der Zone der unvollständigen Kompensation, kann sich dein Körper selbst bei längerem Aufenthalt nicht mehr akklimatisieren.

Maßnahmen bei auftretenden Symptomen der Höhenkrankheit 1), 7)

Sollten bei dir Symptome auftreten, die auf eine Höhenkrankheit hinweisen, sind entsprechende Maßnahmen einzuleiten. Diese richten sich entscheidend nach der Symptomstärke. Deshalb sind diese analog zu den Symptomklassen (siehe Höhenkrankheit) eingeteilt.

Wenn du über leichte Symptome klagst, solltest du den weiteren Aufstieg erst einmal abbrechen und wenn möglich eine längere Pause einlegen, unter Umständen sogar zu einer tiefer gelegenen Hütte absteigen. Im Camp solltest du die Kopfschmerzen eventuell medikamentös behandeln, dann den nächsten Tag abwarten. Wenn die Symptome nach einer durchschlafenen Nacht abgeklungen sein sollten, kannst du einen weiteren Aufstieg riskieren.

Mittelschwere Symptomen müssen behandelt werden. Wenn du trotz Akklimatisierung, der Aufnahme von ausreichend kohlenhydratreicher Ernährung und reichlichen Mengen an Flüssigkeit höhenkrank wirst und sich mittelschwere Symptome eingestellt haben, dann gibt es nur eine wirksame Medizin: absteigen. Denn im schlimmsten Fall besteht die Gefahr, dass sich in deiner Lunge und im Gehirn Ödeme bilden. Mit diesen beiden Symptomen ist nicht zu spaßen, sie können potenziell tödlich enden. Es gibt zwar keine offiziell zugänglichen Daten, aber schätzungsweise bezahlen jährlich 20 Touristen und etliche Guides und Träger das Abenteuer Kilimandscharo mit ihrem Leben. Deshalb ist bei mittelschweren Symptomen – je nachdem, auf welcher Höhe du dich gerade befindest – ein Abstieg um circa 1.000 Höhenmeter oder bis auf eine Höhe von etwa 2.000 Metern und, falls vorhanden, eine sofortige Beatmung mit Sauerstoff und die Anwendung eines „Überdrucksacks“ zur Dekompression, indiziert.

Sobald du an schweren Symptomen leidest, besteht akute Lebensgefahr. Es müssen sofort Maßnahmen getroffen werden: Abstieg um mindestens 1.000 Höhenmeter, Sauerstoffzufuhr, Aufenthalt im „Überdrucksack“ und bei Ödembildung ein unerlässlicher Besuch beim Arzt oder im Krankenhaus.

Körperliche Fitness/Voraussetzungen für deine Tour

Aufgesetzte Routen mit Campingplätzen, im Fall der Marangu Route sogar mit festen Hütten, gut ausgebildete und organisierte Guides, Träger und Köche sowie ein touristisch gut erschlossener und ohne technische Klettererfahrungen leicht zu bewandernder Berg – wozu also noch extra vorbereiten? Klingt doch easy, oder? Und genau das ist das Problem. Denn gerade deshalb oder dennoch stellt die körperliche Belastung, die eine Höhe von 5.895 Metern mit sich bringt, eine nicht zu unterschätzende Komponente dar.

Ich selbst bin als völliger Bergnovize und mit exakt dieser arroganten Einstellung nach Tansania gereist. Ich hielt das Ganze für eine entspannte Bergwanderung an meinem Geburtstag, eingebettet zwischen Safari und Strandurlaub. Die Realität vor Ort hat mich schnell wieder geerdet. Deshalb solltest du dich nicht nur in Bezug auf Ausrüstung, sondern auch körperlich professionell auf dein „Kili"-Abenteuer vorbereiten, um einer von den 39 Prozent zu sein, denen es laut Parkstatistik gelingt, bis auf den Uhuru Peak aufzusteigen.

Ich bin kein Experte, wenn es um Höhentraining geht. Das überlasse ich anderen. Im Detail nachzulesen in z. B. Höhentrekking und Höhenbergsteigen von Mees 2). Prinzipiell solltest du aber Folgendes beachten:

- Tour mit einer überdurchschnittlichen, sehr guten Kondition antreten
- Vorbereitung mittels eines gezielten Ausdauertrainings mit Puls- und Gewichtskontrollen
- empfohlene Sportarten: Laufen, Schwimmen, Radfahren, Trekking in Mittel- und/oder Hochgebirgen
- Start des Trainings: mindestens sechs Monate vor deiner geplanten Tour
- progressive Belastungssteigerung zum Tour-Datum hin
- Trainings in Höhenlagen (Trekking mit Auf- und Ab-Einheiten zur konditionellen Spezifizierung)

• vor Ort: extra Akklimatisierungstag und/oder vorherige Besteigung eines niedrigeren Berges wie den Mount Meru (4.566 m)

Impfungen [4)]

Entsprechende Schutzimpfungen bei Reisen in tropische Gebiete sind empfehlenswert und in vielen Ländern wie Tansania sogar gesetzlich vorgeschrieben. Spätestens zwei Wochen vor Abreise solltest du diesbezüglich deinen Hausarzt oder besser noch eine tropenmedizinische Beratungsstelle aufsuchen. Laut dem Centrum für Reisemedizin werden die Standardimpfungen nach dem deutschen Impfkalender – speziell Tetanus und Diphtherie sowie Gelbfieber und Hepatitis A – empfohlen. Je nach Aufenthaltsbedingungen und Reisestil können noch Cholera, Polio, Typhus, Hepatitis B, Tollwut und Meningitis dazukommen. Bei Direktflügen aus Europa wird keine Gelbfieberimpfung von den tansanischen Behörden vorgeschrieben. Solltest du aber aus Gelbfieber-Epidemiegebieten einreisen oder auf Sansibar landen, so ist diese Pflicht. Weitere Informationen sind auf der Homepage des Centrums für Reisemedizin (www.crm.de) erhältlich.

Versicherungen?

Um es kurz zu machen: ja. Solltest du deine Bergbesteigung von Deutschland aus buchen, dann handelt es sich nach deutschem Reiserecht um eine „normale" Pauschalreise. Dementsprechend macht es Sinn, über eine Reiserücktrittsversicherung, gegebenenfalls sogar eine Reiseabbruchsversicherung nachzudenken. Eine Auslandskrankenversicherung und Unfallversicherung sollten ein Muss sein, schließlich steigst du auf einen fast 6.000 Meter hohen Berg und lungerst nicht nur am hoteleigenen Pool herum. Auch eine Reisegepäcksversicherung ist einer ernsthaften Überlegung wert, gerade wenn du mit teurer Ausrüstung anreist. Der nervige Niederländer auf meiner Safari durfte das am eigenen Leib erfahren, als ihm am Airport die Koffer geöffnet wurden und Teile seiner Profi-Kameraausrüstung auf mysteriöse Weise verschwanden. Für mich als Backpacker hatte sich die Frage nach einer Reiserücktritts- und Abbruchsversicherung sowieso erledigt. Und auch auf eine Auslandskrankenversicherung sowie eine Unfallversicherung habe ich verzichtet. Mir ist zwar nichts passiert, aber im Nachhinein betrachtet war das schon ziemlich dämlich von mir und ist dir zur Nachahmung nicht zu empfehlen.

Visum [3)]

Deutsche Staatsangehörige benötigen für die Einreise nach Tansania ein Visum. Das kann vor der Einreise bei der tansanischen Botschaft schriftlich oder persönlich in Berlin beantragt werden.

Botschaft der Vereinigten Republik Tansania
Eschenallee 11
14050 Berlin-Charlottenburg
Tel.: +49 30 3030800
Fax: +49 30 30308020
E-Mail: info@tanzania-gov.de
Homepage: www.tanzania-gov.de

Dein Visum (Touristenvisum) ist dann für drei Monate gültig. Um dieses zu erlangen, benötigst du:

- biometrisches Passbild (3,5 x 4,5 cm)
- Reisepass (mind. noch sechs Monate gültig nach Einreise)
- bestätigter Rückflug
- Geld für anfallende Visagebühren (siehe unten)
- ausgefüllter Visaantrag (application form) und bei postali-

scher Bewerbung (Einschreiben) in einem ausreichend frankierten und adressierten Luftpolsterumschlag

Das Visum kann aber auch bei der Einreise nach Tansania auf den internationalen Flughäfen des Landes, dem Seehafen Sansibar oder den großen Grenzübergängen gekauft werden. Ich persönlich bin über den Flughafen „Kilimanjaro International Airport“ eingereist und habe die Erfahrung gemacht, dass ich mit einem Visum langsamer abgefertigt wurde, als die Einreisenden, die sich erst noch ein Visum vor Ort ausstellen lassen mussten. Die Gebühr hierfür beträgt 50 US-Dollar oder 50 Euro (Stand 2013). In Deutschland kostet das Visum hingegen 50 Euro im Standard- bzw. 70 Euro im Expressantrag. Und das war bei mir mit einer schnippischen Sachbearbeiterin und deutlich mehr Aufwand verbunden.

Transfer in Tansania mit Bus, Taxi & Co.

Abgesehen davon, dass du bei einer Pauschalreise oder gebuchten Tour vom Reiseveranstalter hin und her chauffiert wirst, kann das öffentliche tansanische Verkehrssystem auf den ersten Blick ziemlich verwirrend sein. Jedenfalls war es das für mich. Überall in den Städten düsen große und kleine Busse rum, Taxis mit und ohne Zulassung oder Unmengen von japanischen Motorrädern. Womit wir auch schon beim Thema wären: Wenn du mit dem Bus von einer Stadt zur anderen möchtest und das nach Möglichkeit schnell, dann bieten sich große Busse an. Diese verbinden die größten Städte im Land miteinander. Mit denen kommst du auch ohne Weiteres in einem richtigen Roadtrip über 600 km weit von Moshi oder Arusha bis an die Küste nach Dar es Salaam. Die bekanntesten Expressbusanbieter sind hierbei Scandinavia Express Services, Dar Express, Royal und Akamba. Wenn du günstig und nur kurze Strecken reisen möchtest, dann nimm einen dieser Minibusse, die dort Dalla Dallas genannt werden. Egal, welchen Bus du nimmst, es wird voll.

Wenn du bereits denkst es geht nichts mehr rein, dann quetschen die Schleuser immer noch zwei, drei Getreidesäcke, den einen oder anderen Fahrgast oder dumm glucksende Hühner durch die Bustür. Taxis stellen auf kurzen Strecken eine gute Alternative zum Bus dar, sind jedoch teurer und weniger sicher (siehe auch Kriminalität). Ganz Mutige können auch günstig mit dem Motorrad-Taxi, dem sogenannten Boda-Bodas fahren. Diese Motorräder sind zwar billig, jedoch entschloss ich mich auf diese puristische Art der Fortbewegung zu verzichten, nachdem ich einige von ihnen im Straßengraben liegen sah.

Währung und Zahlungsmöglichkeiten

Die Währung in Tansania ist der Tansania-Schilling (TZS). Es besteht auch die Möglichkeit, mit Euro oder US-Dollar zu zahlen. Ich jedoch habe die Erfahrung gemacht, dass das bevorzugte Zahlungsmittel die einheimische Währung ist. Da es nicht erlaubt ist TZS zu importieren, empfiehlt es sich, Euro oder US-Dollar am Airport zu tauschen und Geldbeträge mit einer Visa oder Master Card in Banken abzuheben. Achte aber darauf, dass die meisten Kreditkarten ein entsprechendes Tages- und Wochenlimit aufweisen. Gerade bei Auszahlungen von großen Geldbeträgen an Bankautomaten kann dies zu Problemen führen. Eine direkte Zahlung mit Kreditkarte ist nur an einigen Stellen möglich. Somit solltest du immer über genügend Bargeld verfügen – Pauschalreisende natürlich weniger als Individualtouristen, da diese den Großteil ihres Aufenthaltes vor Ort organisieren und bezahlen müssen.

Trinkgelder

In Tansania ist es obligatorisch, Trinkgelder zu geben. Dies wird auch von den Guides, Kellnern und Servicepersonal erwartet.

Eine eindeutige Festlegung gibt es dabei jedoch nicht. Als Faustregel gelten 10 Prozent in Restaurants und Bars.

Für das Team der Kilimandscharo-Besteigung gilt folgende Empfehlung pro Tag und Wandergruppe:

- Bergführer: 12-18 USD pro Tag
- Assistenz-Bergführer: 8-12 USD pro Tag
- Koch: 8-10 USD pro Tag
- Bedienung: 8-10 USD pro Tag
- Träger: 5-7 USD pro Tag und Träger

Je nach Quelle gibt es zum Teil sehr stark voneinander abweichende Empfehlungen für Trinkgelder. Die Durchschnittlichen Werte habe ich oben für dich aufgelistet. Wenn du ganz auf Nummer sicher gehen möchtest dann schau auf der offiziellen Homepage der „Kilimanjaro Porters Assistence Project" nach. Dort sind Empfehlungen für Trinkgelder aufgeführt, die sich jedoch von den hier gemachten Angaben etwas unterscheiden (http://www.kiliporters.org).

Wichtig: Sorg dafür, dass du vor Antritt der Tour ausreichend kleine Banknoten in US-Dollar oder TZS bereithältst. Das Trinkgeld wird persönlich am Ende der Tour im letzten Camp oder am Parkausgang übergeben. Auch gern gesehen sind Ausrüstungsgegenstände. Ganz wichtig ist aber, dass du die Hierarchie innerhalb des Teams beachtest und nicht etwa dem Koch mehr Trinkgeld gibst als dem Bergführer.

Ohne Moos nichts los: Was hat mich mein spontanes Tansania-Abenteuer wirklich gekostet?

Kosten in Deutschland vor Abreise

Posten	*Erläuterung*	*Kosten in €*
Visum [a)]	Express in Botschaft	70
Reisepass [b)]	Express im Rathaus	91

Passfotos	für Visum/Reisepass	11
Wechselgeld	190 US$	150
Flugtickets [c]	Hin- u. Rückflug	1.450
Impfungen [d]	Reiseschutzimpfungen	140
Malaria-Tabletten	Lariam	60
Outdoorgeschäft [e]	Schuhe, Socken, Lampe, etc.	370
Hotel	1. Übernachtung	75
Sonstiges	Sonnencreme, Hygieneartikel	20
Gesamt		**2.437**

a) TIPP: Kauf das Visum auf dem Airport in Tansania (Kosten 50 USD oder 50 €)!

b) 2-3 Tage Bearbeitungsdauer beim Express-Antrag in meiner Behörde. Ohne Express betragen die Kosten ab dem 24. Lebensjahr 59 € bei 3-4 Wochen Bearbeitungsdauer.

c) TIPP: Als Frühbucher sind Flugtickets deutlich günstiger (Kosten 700 bis 1.000 €).

d) TIPP: Einige Krankenkassen übernehmen Teilkosten für die Reiseschutzimpfungen. Einfach die Quittungen aufheben und als Originale bei deiner Krankenkasse einreichen.

e) Einen Großteil des Equipments habe ich mir von Freunden geliehen. An dieser Stelle ein riesiges Dankeschön an Gregor, Jessi und Bernd. Ohne eure Leihgaben wären die Kosten noch deutlich höher ausgefallen (schätzungsweise + 500 €). TIPP: Nutz deine Netzwerke!

Kosten in Tansania

Posten	*Erläuterung*	*Kosten in €*
Hotels / Lodge		280
Safari [a]	6 Tage Jeep-Safari mit Camping	687
Kilimandscharo [b]	7 Tage Machame Route	921

	(einziger Klient)	
Essen	Restaurants etc.	142
Trinkgelder	Safari, Kilimandscharo, Stadt	170
Gesamt		**2.200**

a) b) TIPP: Buche direkt vor Ort. In Moshi und Arusha gibt es sehr viele Companies, die alle möglichen Touren anbieten. So lassen sich häufig mehr als 1/3 der Kosten sparen und du bleibst flexibel. Achtung! Mache einen weiten Bogen um Straßenverkäufer. Companies mit einem festen Büro sind meist vertrauenswürdig.

Zeitunterschied zu Deutschland

Die tansanische Zeitrechnung ist drei Stunden vor der Standardzeit (GMT/UTC). Dementsprechend liegt diese eine Stunde vor der deutschen Sommer- und zwei Stunden vor der Winterzeit (Beispiel: 10 Uhr deutsche Sommerzeit = 11 Uhr Ortszeit). Dies ist gerade in Bezug auf die Rückflugtermine entscheidend, da diese auf den Flugtickets immer in der Lokalzeit des Abflughafens angegeben sind.

Kriminalität in Tansania 8)

Allgemein gilt Tansania – jedenfalls für mittelafrikanische Verhältnisse – als ein sicheres Land für Touristen. Dennoch häufen sich die Fälle (Stand 2013), in denen Reisende von angeblichen Taxifahrern ausgeraubt werden und/oder unter Androhung von Gewalt gezwungen werden, mit ihrer Bankkarte Geld vom Automaten abzuheben. Mehrfach wurden Touristen gezwungen, durch Anrufe bei Familie oder Bekannten Geldtransfers über Western Union zu erwirken. In und um Dar es Salaam nimmt diese Art der Kriminalität signifikant zu. Bevorzugte Plätze sind die Bahnhofsstation, Fähranlegestelle und Busstationen. Das Auswärtige Amt empfiehlt daher dringend, ausschließlich registrierte Taxis zu nutzen. Diese sind an einem blauen, gelben oder grünen Längsstreifen auf weißer Karosserie zu erkennen. Solltest du Zweifel haben, so ist es völlig legitim, dir die Registrierung vom Fahrer vorzeigen zu lassen.

Des Weiteren solltest du auch tagsüber unbewachte Strände und einsam gelegene Gegenden meiden. Dies gilt insbesondere für die Strände in den Küstenstädten. Auch von Spaziergängen und von Überlandfahrten solltest du nach Einbruch der Dunkelheit absehen sowie auf hinreichend vorhandene Sicherheitsvorkehrungen bei Übernachtungen auf Campingplätzen und in abgelegenen Gebieten achten.

Sehr gute und aktuelle Informationen zur Kriminalität in Tansania kann man auf der offiziellen Homepage des Auswärtigen Amtes erhalten (www.auswaertiges-amt.de). Diese Seite ist auch optimal, wenn du dich über die Einreisebestimmungen des Landes schlau machen möchtest.

Sprache in Tansania

In Tansania werden 128 verschiedene Sprachen gesprochen. Die offizielle Landessprache ist aber Swahili. Aufgrund der früheren britischen Kolonialisierung ist die englische Sprache jedoch weit verbreitet. Gerade in den Touristengebieten ist damit eine gute Verständigung möglich. Aus Gründen der Höflichkeit und des Respektes gegenüber der anderen Kultur empfehle ich dir, einige Grundvokabeln auf Swahili zu beherrschen.

"KLEINES" SWAHILI FÜR REISENDE

Natürlich kannst du dich in Tansania auch auf Englisch verständigen, aber die Einheimischen schätzen es sehr, wenn man als Besucher wenigstens ein paar Brocken Swahili spricht. Gerade wenn du als Backpacker unterwegs bist, wirst du dadurch von den Leuten ganz anders an- und vor allem aufgenommen.

Deutsch	**Swahili**	**Deutsch**	**Swahili**
Hallo!	JAMBO!	groß	KUBWA
Willkommen	KARIBU	klein	KIDOGO
Auf Wiedersehen	KWAHERI	Langsam!	POLE POLE
Gute Nacht	LALA SALAMA	Essen	CHAKULA
Wie geht's dir?	HABARI GANI?	Obst	MATUNDA
sehr gut	MZURI SANA	Brot	MKATE
Besucher / Gast	MGENI	Kaffee	KAHAWA
Vielen Dank	ASANTE SANA	Tee	CHAI
kein Problem	HAKUNA MATATA	Was kostet es?	BEI GANI?
Ich verstehe nicht.	SIELEWI	Markt	SOKO
Freund	RAFIKI	Post	POSTA
Geschäft / Shop	DUKA	Polizeistation	KITUO CHA POLISI

STADTPLÄNE MOSHI TOWN & ARUSHA

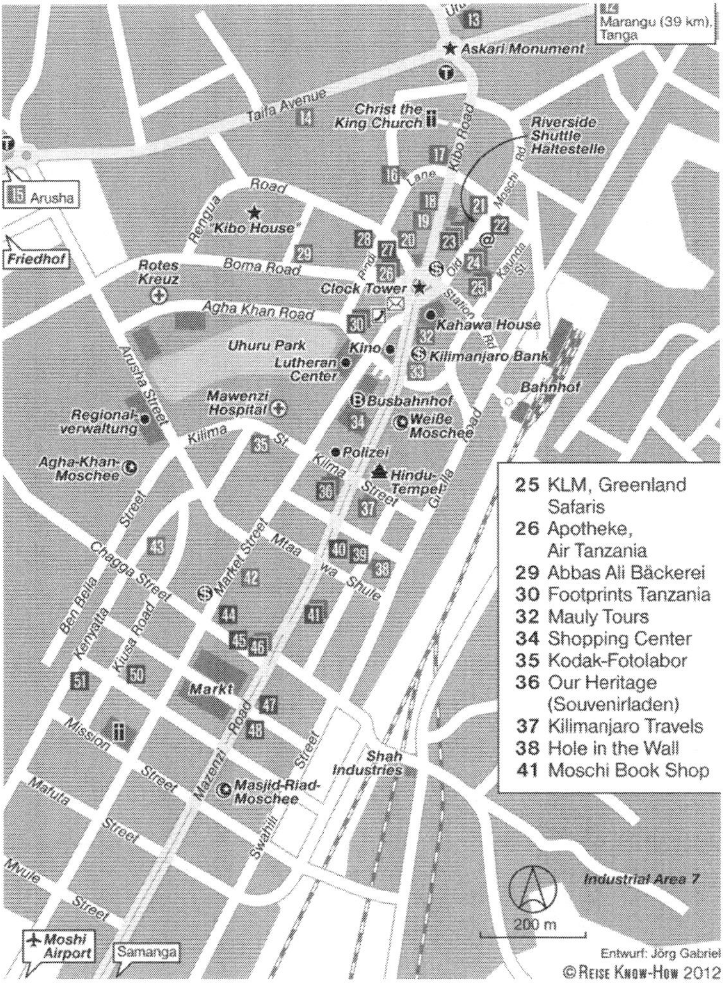

25 KLM, Greenland Safaris
26 Apotheke, Air Tanzania
29 Abbas Ali Bäckerei
30 Footprints Tanzania
32 Mauly Tours
34 Shopping Center
35 Kodak-Fotolabor
36 Our Heritage (Souvenirladen)
37 Kilimanjaro Travels
38 Hole in the Wall
41 Moschi Book Shop

■ **Übernachtung**
1 Lutheran Hostel
2 Kilimanjaro Tourist Inn Hotel
3 Sal-Salinero Hotel
8 Key's
9 Sengia G.H.
10 Rombo Cottage
11 Royal Crown Hotel
13 YMCA
22 Horombo Lodge
23 Coffee Tree Hotel
27 Moschi
28 Philip Hotel
30 Bristol Cottages
36 Hill Street Accomodation
39 Buffalo Hotel
40 New Castle
41 Kindoroko
44 Leopard
45 Grenado
46 The Kilimanjaro Coffee Lounge Bed & Breakfast
47 Da Costa Guesthouse
48 Kilimanjaro Backpacker's Hotel
50 Serengeti
51 Silva Motel

■ **Essen und Trinken**
4 El Rancho Restaurant
5 Glacier Inn
12 Golden Shower
14 Spice Garden
15 Gentleman's Club
19 Chrisburger
23 Coffee Tree
33 Sahara Snacks
42 Amir's
43 Salzburger Steakhouse
46 The Kilimanjaro Coffee Lounge

■ **Geschäfte/Sonstiges**
6 Santy Tour
7 Mr. Price Supermarket
16 Forex-Büro
18 Apotheke
20 Kili Air
21 Akaro Tours
23 Forex-Büro
24 Souvenirs/Ladies Boutique

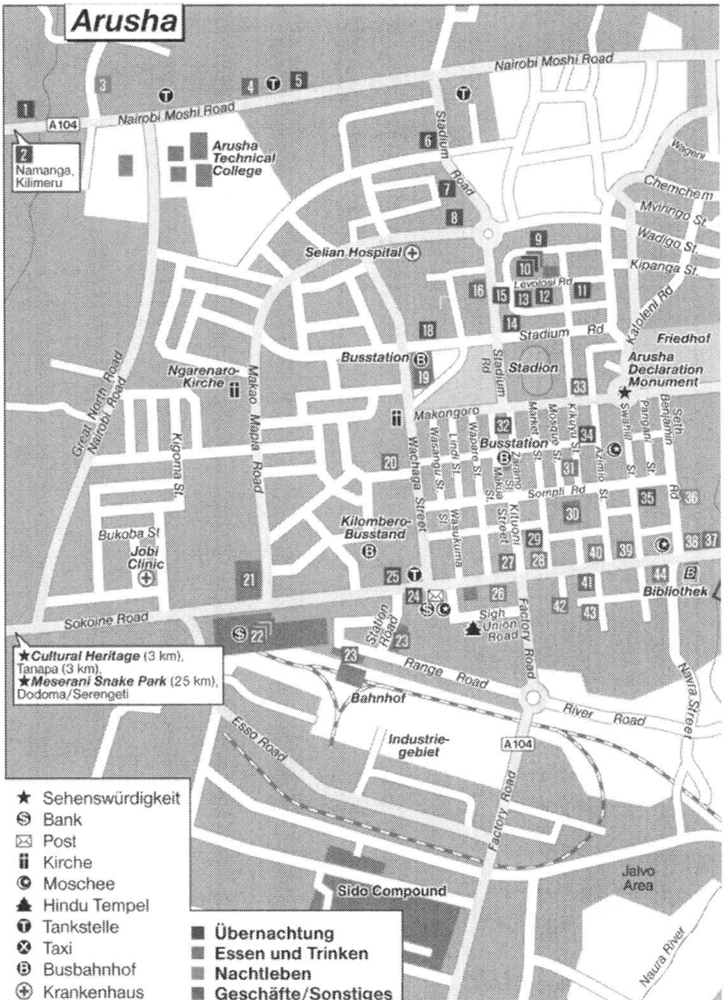
Arusha
Nairobi Moshi Road
A104
Namanga, Kilimeru
Arusha Technical College
Stadium Road
Selian Hospital
Levolosi Rd
Stadium Rd
Kaloleni Rd
Chemchem
Mviringo St.
Wadigo St.
Kipanga St.
Friedhof
Arusha Declaration Monument
Busstation
Stadion
Ngarenaro-Kirche
Makao Mapia Road
Great North Road
Nairobi Road
Kigoma St.
Makongoro
Wachaga Street
Wasangu St.
Lindi St.
Wapare St.
Zaramo St.
Market St.
Mosque St.
Kikuyu St.
Azimio St.
Swahili St.
Pangani St.
Seth Benjamin Rd
Sompli Rd
Kilombero-Busstand
Bukoba St
Jobi Clinic
Wasukuma St.
Makua St.
Kituoni Street
Sokoine Road
Station Road
Sigh Union Road
Factory Road
Bibliothek
★Cultural Heritage (3 km), Tanapa (3 km), ★Meserani Snake Park (25 km), Dodoma/Serengeti
Range Road
Bahnhof
River Road
Navra Street
Esso Road
Industriegebiet
Jalvo Area
Sido Compound
Naura River
★ Sehenswürdigkeit
Bank
Post
Kirche
Moschee
Hindu Tempel
Tankstelle
Taxi
Busbahnhof
Krankenhaus
Übernachtung
Essen und Trinken
Nachtleben
Geschäfte/Sonstiges

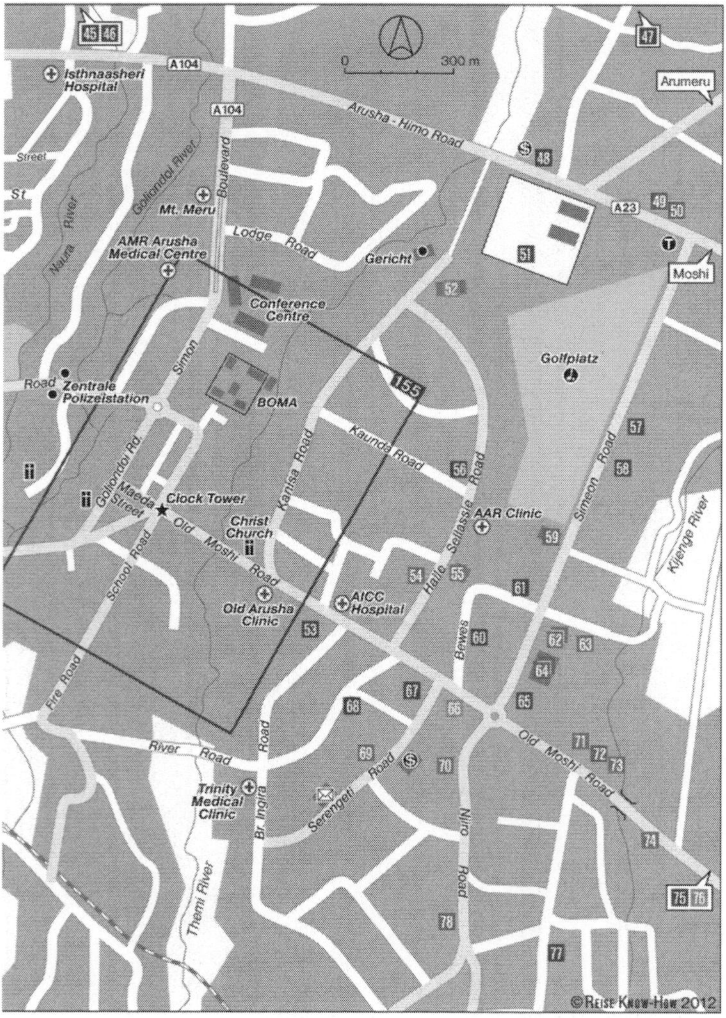
45 46
A104
Isthnaasheri Hospital
0
300 m
47
Arumeru
Arusha - Himo Road
Street
St
Goliondoi River
Naura River
Mt. Meru
Boulevard
Lodge Road
AMR Arusha Medical Centre
Gericht
48
49
50
A23
51
Moshi
52
Conference Centre
Golfplatz
Simon
155
Road
Zentrale Polizeistation
BOMA
Kaunda Road
Kanisa Road
56
Haile Sellassie Road
Goliondoi Rd.
Maeda Street
Clock Tower
Old Moshi Road
Christ Church
School Road
AAR Clinic
Simeon Road
57
58
59
Kijenge River
54
55
61
AICC Hospital
Old Arusha Clinic
53
Bewes
60
62
63
64
Fire Road
67
66
68
65
River Road
69
70
71
72
73
Trinity Medical Clinic
Br. Ingira Road
Serengeti Road
Njiro Road
74
Themi River
75 76
78
77
©Reise Know-How 2012

Übernachtung
1 Manor
2 Kilimeru Campsite (5 km)
5 Eland Motel
6 Prima
7 Florida Guesthouse
8 Palm Inn
9 Mashele
10 Casablanca, Levolosi
11 Monje's
12 Hanang
13 Kitundu
14 Annexe
15 Golden Rose
18 Miami Beach Guesthouse
24 Arusha Backpacker's Hotel
25 Millenium Lodge
29 Pallson's
32 Amazon
34 Kilimanjaro Villa
35 Arusha by Night
45 Ilboru Safari Lodge (2 km)
46 Masai Safari Hotel (1 km)
47 L'Oasis Lodge Hotel (6 km)
48 Serena Hotels (Büro)
51 Mt. Meru
53 Kibo Palace
56 Büro von Babu's Camp
57 Kempinski Hotel
58 Seventy-Seven
60 Le Jacaranda
61 Bay Leaf Hotel
65 Impala
67 African Tulip
68 and-Beyond-Büro
75 Masai Campsite (2 km)
77 Victoria House

Nachtleben
3 Triple "A" Disco
36 Crystal Disco
52 Gymkhana Club
66 Old Greek Club
76 Masai Disco

Essen und Trinken
10 Pizzarusha
22 Restaurants
26 Internetcafé
28 Mc Moody's
31 Khan's
38 Chinese
40 Dolly's Patisserie/ Internetcafé
42 Amar
43 Ice Cream Parlour
44 Internetcafé
54 Pizzeria
55 Blue Heron Café
62 Herbs & Spices, Picasso Restaurant
63 Pizzeria
69 Mandarin Chinese
70 Maharadja Restaurant
71 Heart to Heart Club
73 Dragon Pearl Chinese Restaurant
74 Stiggy's

Geschäfte/Sonstiges
4 Bosch
16 Sunny Safaris
19 Shopping Centre
20 Ranger Safaris/TUI
21 Kilombero-Markt
22 Shoprite Supermarket
23 Autowerkstätten
27 Optiker
30 Zentraler Markt
33 Chemo-Apotheke
37 Safaris East Africa
39 Voda Shop
41 Takim's H&T
49 Supermarkt Mini
50 Philipps
59 KK Security
64 Kijenge Supermarket, Kodak Photolab
72 Lespurd Tours
78 Mr. Price

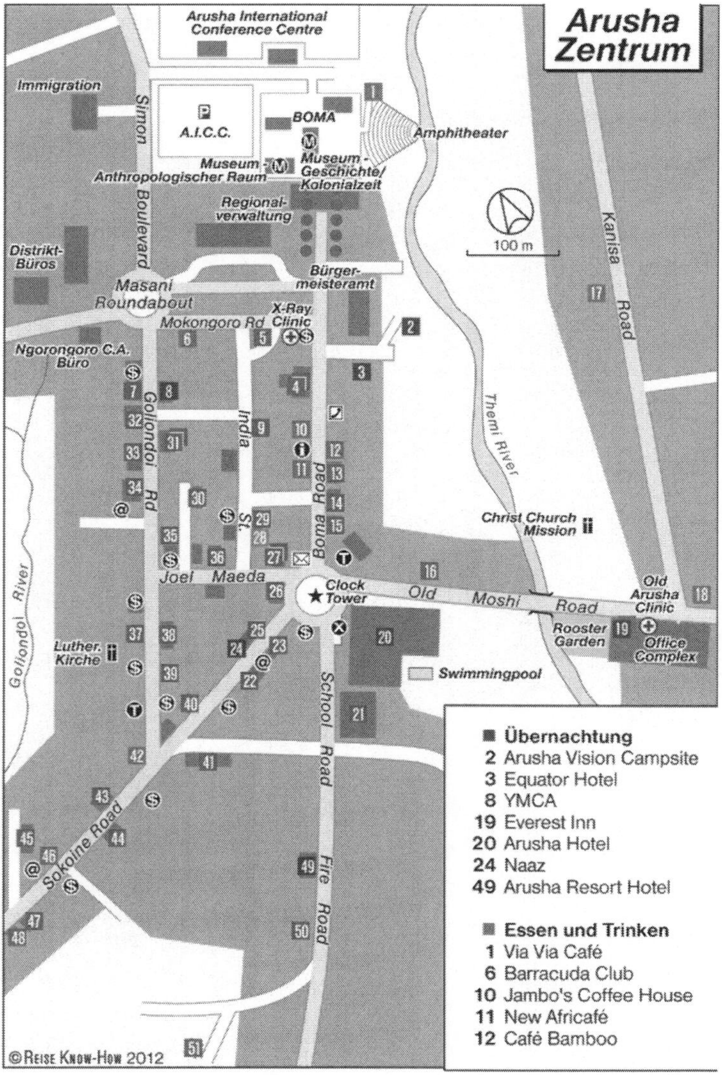
Arusha Zentrum
Arusha International Conference Centre
Immigration
A.I.C.C.
BOMA
Amphitheater
Museum - Anthropologischer Raum
Museum - Geschichte/ Kolonialzeit
Regionalverwaltung
Distrikt-Büros
Simon Boulevard
Bürgermeisteramt
Masani Roundabout
Mokongoro Rd
X-Ray Clinic
Ngorongoro C.A. Büro
Kanisa Road
Themi River
100 m
Goliondoi Rd
India St.
Boma Road
Christ Church Mission
Joel Maeda
Clock Tower
Old Moshi Road
Old Arusha Clinic
Rooster Garden
Office Complex
Swimmingpool
Luther. Kirche
Goliondoi River
School Road
Sokoine Road
Fire Road
©Reise Know-How 2012
Übernachtung
2 Arusha Vision Campsite
3 Equator Hotel
8 YMCA
19 Everest Inn
20 Arusha Hotel
24 Naaz
49 Arusha Resort Hotel
Essen und Trinken
1 Via Via Café
6 Barracuda Club
10 Jambo's Coffee House
11 New Africafé
12 Café Bamboo

Essen und Trinken
17 Pepe Restaurant
18 Laangano Restaurant
19 Everest Chinese Restaurant
42 Discovery Club
46 Afro E Internetcafé

Geschäfte/Sonstiges
4 Ethiopian Airlines, KLM/Precision Air
5 Multi Choice Safaris
7 Bobby Safaris
9 540 Air
13 Buchhandlung
14 Air Tanzania
15 Tanganyika Film & Safari/ Coastal Travel
16 Michelin-/BF-Reifen
21 TFA
22 Mac's Patisserie
23 Photocopy Shop
25 Fuji-Fotostudio
26 Clock Tower Supermarket
27 Gulf Air, Buchhandlung
29 Safari Makers
30 Curio Shops
31 Shoestring Safaris, Hoopoe Safaris
32 The Craft Shop
33 Meat King (Metzger)
34 AA Computers
35 Simba Safaris
36 Tropical Trekking
37 Friseur (Herren)
38 Toyota
39 Emslies/Air Excel
40 Juwelier
41 State Travel
43 Supermarkt
44 DHL
45 Savannah Tours
47 Happy Sauvages (Metzger)
48 Apotheke
50 Maasai-Markt, Curio Shops
51 Friseursalon Ali

Nachtleben
28 House of Wine

Alle hier abgebildeten Stadtpläne von Moshi und Arusha sind, mit freundlicher Genehmigung des Verlages, dem Reiseführer Tansania aus dem Reise Know-How Verlag entnommen.

NACHWORT

Abenteuer, was ist das? Okay, der Duden liefert dafür eine einfache Definition. Wörtlich: „eine, mit einem außergewöhnlichen, erregenden Geschehen verbundene gefahrvolle Situation, die jemand zu bestehen hat 13)". Aber ist es nicht noch viel mehr? Ist es nicht vielmehr ein Gefühl, ein innerliches Streben nach Veränderung? Der unbändige Ruf aus unseren Komfortzonen auszubrechen und dem Reiz des Unbekannten kühn entgegenzutreten? Bei mir jedenfalls ist es so. Und ich glaube, bei dir verhält es sich ähnlich. Wozu sonst hättest du dieses Buch oder dieses Buch dich ausgewählt. Im Vorwort habe ich mir und dir die entscheidende Frage nach dem Warum gestellt. Warum du dich für diesen einzigartigen Kilimandscharo interessierst. Für diese Kühlkammer unter Afrikas sengender Sonne, für diesen popligen und fast 6.000 Meter hohen Hügel mit seinen schnee- und eisbedeckten Hängen. Die Antwort darauf – wenn auch eingangs unausgesprochen geblieben – war klar: Es ist die Sucht. Egal, ob du einfach nur gern Abenteuerberichte liest, dich nun für deine eigene Tour auf den Kilimandscharo vorbereitest oder ob du mit diesem Buch in Erinnerungen schwelgen möchtest. Es ist die Droge Abenteuer, die süchtig macht. Die in uns brennt und uns vereint. Eine legale Sucht, die dieses Buch hoffentlich etwas befriedigen konnte.

Als ich anfing dieses Buch zu schreiben, tat ich das nicht für dich oder irgendjemand anderen. Ich tat es nur für mich. Kaum zurück in Deutschland, lief ich wieder im Hamsterrad und war dennoch ein ganz anderer als vor meiner Afrikareise. Die Eindrücke und Erlebnisse in Tansania und meine ersten Gehversuche als leidender Bergsteiger am Kilimandscharo ließen mich einfach nicht mehr los. Ich wollte aber auch nicht, dass sie mich wieder loslassen. Ich wollte sie für mich niederschreiben. Wollte sie dadurch greifbar machen und zukünftig meinem immer mehr verblassenden Abenteuer, bei Bedarf, selbst einen frischen Farbtupfer verpassen. Im Schreibprozess, in dem ich immer wieder die Tage, Stunden und Minuten in Tansania durchlebte, begann ich etwas über das Bergsteigen am Kilimandscharo zu recherchieren. Was ich dabei vorfand, stellte mich nicht wirklich zufrieden. Die Literatur triefte nur so vor abenteuerlicher Heldenprosa und nüchternen Naturbeschreibungen. Was mir fehlte, war das, was man plakativ als die Kehrseite der Medaille bezeichnet. Eine Kehrseite, die es verdient, erzählt zu werden. Eine Kehrseite, die dem Leser zeigt, die dir zeigt, wie es einem unerfahrenen Backpacker in Tansania und am „Kili" geht, wenn plötzlich nichts mehr geht.

Was du vor dir siehst oder in deinen Händen hältst, ist das Ergebnis. Kein banaler Ratgeber für Kilimandscharo-Touren, sondern eine ehrliche und sehr persönliche Beschreibung meiner Reiseerlebnisse. Meines Abenteuers. Und ehrlich gesagt, ob dir das Büchlein gefällt oder nicht, ist mir ziemlich egal. Trotzdem, es würde mich sehr stolz machen, wenn du aus dem Gelesenen etwas für dich mitnimmst. Wer weiß, dich vielleicht sogar inspirieren lässt für deinen nächsten Urlaub, für dein eigenes atemberaubendes Abenteuer. Möglicherweise hast du auch lediglich seichte Unterhaltung oder Zerstreuung gesucht und diese bestenfalls in diesem Buch gefunden. In diesem Fall freut es mich, wenn die letzten Stunden beim Lesen deinem eigenen, verblassten schwarz-weiß Abenteuer einen farbenfrohen Neuanstrich verpassten und/oder meine Erzählungen dir ein ums andere Mal eine fette Sorgenfalte, aber auch ein breites Schmunzeln in das Gesicht zauberten. Mich hat die Abenteuerlust beim Schreiben schon wieder fest gepackt und ich plane bereits die nächste Tour. Mal schauen, eventuell werde ich dich auch davon mit einem kurzen Reisebericht auf dem Laufenden halten. Bis dahin, an die abenteuerliche Couchpotato, den spießigen Globetrotter, den pubertierenden Rentner und den karrieregeilen Pfandflaschensammler: KWAHERI.

Dein Stefan.

P.S.:

„In 20 Jahren wirst Du Dich mehr ärgern über die Dinge, die Du nicht getan hast, als über die, die Du getan hast. Also wirf die Leinen und segle fort aus Deinem sicheren Hafen. Fange den Wind in Deinen Segeln. Forsche. Träume. Entdecke.“

Mark Twain

HINWEISE UND ANMERKUNGEN

Alle in diesem Buch genannten Markennamen, Warenzeichen und eingetragene Warenzeichen sind Eigentum der rechtmäßigen Eigentümer. Sie dienen hier lediglich zur Beschreibung der jeweiligen Firmen, Produkte bzw. Dienstleistungen.

Als Autor bin ich bemüht, alle Informationen und Angaben, die in diesem Buch vorkommen, korrekt und vor allem aktuell zu halten. Dessen ungeachtet, sind Fehler und Unklarheiten leider nie völlig vermeidbar. Daher übernehme ich keine Gewähr auf Vollständigkeit, Richtigkeit, Aktualität und Qualität des Buchinhaltes. Für Hinweise auf Unklarheiten und inhaltliche Fehler bin ich als Autor sehr dankbar, um diese in zukünftigen Ausgaben beseitigen zu können. Das gilt natürlich auch für Rechtschreibfehler und dergleichen.

Des Weiteren würde ich mich freuen, wenn mir Wünsche und Anregungen über Themen mitgeteilt werden, die gerade im Faktenteil, aber auch im eigentlichen Reisebericht, nicht oder nur zu kurz behandelt worden sind.
Schreibe an:

E-Mail:
autor.stefan-schueler@gmx.de

Homepage:
www.stefan-schueler.info

Facebook:
www.facebook.com/stefan.schueler.autor

Sollte dich zudem die Langeweile packen oder du ein, zwei Minütchen deiner Zeit über haben, so kannst du gerne eine Rezension über das Buch – positive sowie negative – auf *Amazon.de* hinterlassen.

LITERATURQUELLEN UND WEBLINKS

• 1) Stewart, A. (2006). Kilimanjaro: A Complete Trekker's Guide: Preparations, Practicalities and Trekking Routes to the "Roof of Africa" (Cicerone Mountain Walking)

• 2) Mees, K. (2010). Höhentrekking und Höhenbergsteigen. (Bruckmann Verlag)

• 3) www.tanzania-gov.de letzter Onlinezugriff am 11.12.13

• 4) www.crm.de letzter Onlinezugriff am 11.12.13

• 5) www2.klett.de letzter Onlinezugriff am 18.12.13

• 6) http://de.wikipedia.org/wiki/Kilimandscharo letzter Onlinezugriff am 07.01.14

• 7) www.goruma.de/Service/Reisemedizin/hoehenkrankheit.html letzter Onlinezugriff am 07.01.14

• 8) www.auswaertiges-amt.de letzter Onlinezugriff am 11.12.13

• 9) www.kilimandscharo-besteigung.de letzter Onlinezugriff am 15.02.14

• 10) www.tansania.de letzter Onlinezugriff am 15.02.14

• 11) www.african-ambition-tours.com letzter Onlinezugriff am 15.02.14

• 12) www.moja-travel.net letzter Onlinezugriff am 06.04.14

• 13) www.duden.de letzter Onlinezugriff am 14.04.14

ÜBER DEN AUTOR

Pimbi Campesite im Serengeti Nationalpark

Stefan Schüler, das bin dann wohl ich, wurde am 09. August 1983 in Zerbst, Sachsen Anhalt, geboren. Was geschah sonst noch an diesem Tag? Ich nehme es vorweg: nichts. Niemand Berühmtes erblickte das Licht der Welt oder starb. Nicht einmal ein Feiertag oder popliges Jubiläum fand seinen Platz an diesem Dienstag im Jahr '83. Einzig und allein die Wetteraufzeichnung registrierte für den gesamten Monat August eine deutlich zu hohe Durchschnittstemperatur (+1,7 °C).

Wow, ein von der Geschichte bisher freigehaltener Tag. Aber was noch nicht ist, kann ja bekanntlich noch werden und bis dahin bist du herzlich eingeladen mich auf meiner Homepage zu besuchen: *stefan-schueler.info*. Dort gibt es meine leicht „uniforme" Vita sowie Informationen zu meinen Büchern, Blogs und weiteren Projekten.

7199055R00115

Printed in Germany
by Amazon Distribution
GmbH, Leipzig